Kauderwelsch
Band 14

Impressum

Marie-Luise Latsch & Helmut Forster-Latsch
Hochchinesisch — Wort für Wort
erschienen im
REISE KNOW-HOW Verlag Peter Rump GmbH
Osnabrücker Str. 79, D-33649 Bielefeld
info@reise-know-how.de

© REISE KNOW-HOW Verlag Peter Rump GmbH
10. Auflage 2005
Konzeption, Gliederung, Layout und Umschlagklappen
wurden speziell für die Reihe „Kauderwelsch" entwickelt
und sind urheberrechtlich geschützt.
Alle Rechte vorbehalten.

Bearbeitung	Claudia Schmidt
Layout	Elfi H. M. Gilissen
Layout-Konzept	Gunter Pawlak, FaktorZwo! Bielefeld
Umschlag	Peter Rump (Titelfoto: Helmut Hermann)
Kartographie	Thomas Buri
Abbildungen	Fotos: Marie-Luise Latsch & Helmut Forster-Latsch
	Zeichnungen S. 69, S. 111: Doris Hauser
Druck und Bindung	Fuldaer Verlagsanstalt GmbH & Co. KG, Fulda

ISBN 3-89416-459-X
Printed in Germany

Dieses Buch ist erhältlich in jeder Buchhandlung der BRD,
Österreichs, der Schweiz und der Benelux. Bitte informieren
Sie Ihren Buchhändler über folgende Bezugsadressen:

BRD	Prolit GmbH, Postfach 9, 35461 Fernwald (Annerod)
	sowie alle Barsortimente
Schweiz	AVA-buch 2000, Postfach 27, CH-8910 Affoltern
Österreich	Mohr Morawa Buchvertrieb GmbH,
	Sulzengasse 2, A-1230 Wien
Belgien & Niederlande	Willems Adventure, Postbus 403, NL-3140 AK Maassluis
direkt	Wer im Buchhandel kein Glück hat, bekommt unsere Bücher

zuzüglich Porto- und Verpackungskosten auch direkt über un-
seren Internet-Shop: **www.reise-know-how.de**
Zu diesem Buch ist ein **AusspracheTrainer** erhältlich, eben-
falls in jeder Buchhandlung der BRD, Österreichs, der
Schweiz und der Benelux-Staaten.
Der Verlag möchte die **Reihe Kauderwelsch** weiter ausbauen
und **sucht Autoren**! Mehr Informationen finden Sie auf unse-
rer Internetseite **www.reise-know-how.de/buecher/special/
schreiblust-inhalt.html**

Kauderwelsch

Marie-Luise Latsch
&
Helmut Forster-Latsch

Hochchinesisch
Wort für Wort

一路顺风

Yí-lù shùn-fēng!
Gute Reise!

**Reise Know-How
im Internet
www.reise-know-how.de
info@reise-know-how.de**

*Aktuelle Reisetipps
und Neuigkeiten,
Ergänzungen nach
Redaktionsschluss,
Büchershop und
Sonderangebote
rund ums Reisen*

Kauderwelsch-Sprechführer sind anders!

Warum? Weil sie Sie in die Lage versetzen, wirklich zu sprechen und die Leute zu verstehen.

Wie wird das gemacht? Abgesehen von dem, was jedes Sprachbuch bietet, nämlich Vokabeln, Beispielsätze etc., zeichnen sich die Bände der Kauderwelsch-Reihe durch folgende Besonderheiten aus:

Die **Grammatik** wird in einfacher Sprache so weit erklärt, dass es möglich wird, ohne viel Paukerei mit dem Sprechen zu beginnen, wenn auch nicht gerade druckreif.

Alle Beispielsätze werden doppelt ins Deutsche übertragen: zum einen **Wort-für-Wort**, zum anderen in „ordentliches" Hochdeutsch. So wird das fremde Sprachsystem sehr gut durchschaubar. Denn in einer fremden Sprache unterscheiden sich z. B. Satzbau und Ausdrucksweise recht stark vom Deutschen. Ohne diese Übersetzungsart ist es so gut wie unmöglich, schnell einzelne Wörter in einem Satz auszutauschen.

Die **Autorinnen** und **Autoren** der Reihe sind Globetrotter, die die Sprache im Land selbst gelernt haben. Sie wissen daher genau, wie und was die Leute auf der Straße sprechen. Deren Ausdrucksweise ist nämlich häufig viel einfacher und direkter als z. B. die Sprache der Literatur oder des Fernsehens.

Besonders wichtig sind im Reiseland **Körpersprache, Gesten, Zeichen** und **Verhaltensregeln**, ohne die auch Sprachkundige kaum mit Menschen in guten Kontakt kommen. In allen Bänden der Kauderwelsch-Reihe wird darum besonders auf diese Art der nonverbalen Kommunikation eingegangen.

Kauderwelsch-Sprechführer sind keine Lehrbücher, aber viel mehr als Sprachführer! Wenn Sie ein wenig Zeit investieren und einige Vokabeln lernen, werden Sie mit ihrer Hilfe in kürzester Zeit schon Informationen bekommen und Erfahrungen machen, die „taubstummen" Reisenden verborgen bleiben.

Inhalt

- 9 Vorwort
- 10 Hinweise zur Benutzung
- 13 Das Chinesische
- 15 Karte der wichtigsten Dialekte in China
- 16 Die Schrift
- 18 Lautschrift & Aussprache
- 25 Wörter, die weiterhelfen

Grammatik

- 28 Dinge und ihre Eigenschaften
- 30 Sein & haben
- 31 Ich, du & mein, dein
- 33 Gehen, gegangen & werden gehen
- 37 Wenn ..., dann ...
- 39 In, am, auf & Co.
- 44 Auffordern, bitten & verbieten
- 45 Fragen
- 49 Ja, nein & nicht
- 52 Wollen, sollen, müssen ...
- 55 Eins, zwei, drei ...
- 59 Ein Stück, zwei Pfund
- 61 Zeit & Datum

Konversation

- 67 Kurz-Knigge
- 70 Namen & Anrede
- 71 Begrüßen & Verabschieden
- 74 Floskeln & Redewendungen

Inhalt

  77 Das erste Gespräch
  83 Zu Gast sein
  85 Unterwegs ...
  99 Fotografieren
100 Einkaufen
103 Essen & Trinken
115 Im Hotel
121 Toilette
122 Auf dem Amt
124 Bank, Post & Telefon
130 Krank sein
136 Dringende Hilferufe

Anhang

138 Literaturhinweise
140 Wörterliste Deutsch – Chinesisch
150 Wörterliste Chinesisch – Deutsch
160 Die Autoren

Buchklappe *Zahlen & Töne*
vorne *Lautschrift & Abkürzungen*
     Nichts verstanden? – Weiterlernen!

Buchklappe *Die wichtigsten Floskeln & Redewendungen*
hinten *Die wichtigsten Fragewörter & Richtungsangaben*
     Die wichtigsten Fragen

Vorwort

Seit der ersten Auflage des Kauderwelsches „Hoch-Chinesisch" sind viele Jahre verstrichen. In der Zwischenzeit hat sich in der Volksrepublik China in nahezu jederlei Hinsicht viel geändert. Im Land sind gesellschaftliche und kulturelle Umbrüche auszumachen, und das schlägt sich auch auf das Reisen im Land nieder. Was den sprachlichen Aspekt betrifft, hat sich eine Menge umgebildet.

Der vorliegende Kauderwelsch-Band „Hoch-Chinesisch – Wort für Wort" ist geschrieben für einen Aufenthalt in der Volksrepublik China, kann aber auch – mit Einschränkungen – auf Taiwan oder in Singapur (überall wo Hoch-Chinesisch gesprochen oder verstanden wird) benutzt werden. Das trifft auch auf Hongkong zu. Dort wird zwar der Kanton-Dialekt gesprochen, aber zumindest ein wenig Hoch-Chinesisch wird häufig verstanden und gesprochen, manchmal sogar besser als Englisch!

Uns ging es im vorliegenden Kauderwelsch-Band darum, für Reisen in China eine brauchbare Hilfe zu vermitteln, zum raschen Zurechtfinden, zur sprachlichen Orientierung. Wir hoffen, dass dies gelungen ist.

Marie-Luise Latsch
& Helmut Forster-Latsch

Hinweise zur Benutzung

Dieser Kauderwelsch-Band ist in drei wichtige Abschnitte gegliedert: Grammatik, Konversation und Vokabeln.

Die Grammatik beschränkt sich auf das Wesentliche und ist so einfach gehalten wie möglich. Deshalb sind auch nicht sämtliche Ausnahmen und Unregelmäßigkeiten erklärt. Natürlich kann man die Grammatik auch überspringen und sofort mit dem Konversationsteil beginnen. Wenn Fragen auftauchen, kann man immer noch in der Grammatik nachsehen.

Wer nach der Lektüre gerne noch tiefer in die Grammatik der chinesischen Sprache eindringen möchte, findet im Anhang eine Bücherliste mit weiterführenden Lehrbüchern.

In der Konversation finden Sie Sätze aus dem Alltagsgespräch, die Ihnen einen ersten Eindruck davon vermitteln sollen, wie die chinesische Sprache „funktioniert" und die Sie auf das vorbereiten sollen, was Sie später in China hören werden.

Mit Hilfe der Wort-für-Wort-Übersetzung können Sie bald eigene Sätze bilden. Sie können die Beispielsätze als Fundus von Satzschablonen und -mustern benutzen. Mit einem kleinen bisschen Kreativität und Mut können Sie sich daraus neue Sätze „zusammenbauen", auch wenn das Ergebnis grammatikalisch nicht immer perfekt ausfällt.

Die Wörterlisten am Ende des Buches helfen Ihnen dabei. Sie enthalten einen Grundwortschatz von ca. 1000 Wörtern „Deutsch-Chinesisch" und „Chinesisch-Deutsch", mit denen

Hinweise zur Benutzung

man schon eine ganze Menge anfangen kann. Jede Sprache hat ein typisches Satzbaumuster. Um die sich vom Deutschen unterscheidende Wortfolge chinesischer Sätze zu verstehen, ist die Wort-für-Wort-Übersetzung in kursiver Schrift gedacht. Jedem chinesischen Wort entspricht ein Wort in der Wort-für-Wort-Übersetzung. Wird ein chinesisches Wort im Deutschen durch zwei Wörter übersetzt, werden diese zwei Wörter in der Wort-für-Wort-Übersetzung mit einem Bindestrich verbunden:

Wǒ xué zhōng-wén.
wo chüä dshung-wén
ich studieren chinesisch-Sprache
Ich studiere Chinesisch.

Viele Wörter bestehen im Chinesischen aus mehreren bedeutungtragenden Sinneinheiten (Silben). Da die Wort-für-Wort-Übersetzung in vielen Fällen zu unübersichtlich würde, sind nur diejenigen Silben übersetzt, die auch allein stehend einen Sinn ergeben:

Wǒ shì déguó-rén.
wo schi déguo-shén
ich sein Deutschland-Mensch
Ich bin Deutsche(r).

Werden in einem Satz mehrere Wörter angegeben, die man untereinander austauschen kann, steht ein Schrägstrich zwischen diesen:

Hinweise zur Benutzung

Wǒ shì àodìlì-rén / ruìshì-rén.

wo schị audili-shèn / shuischi-shèn

ich sein Österreich-Mensch / Schweiz-Mensch

Ich bin Österreicher(in) / Schweizer(in).

Die Umschlagklappen helfen, die wichtigsten Sätze und Formulierungen stets parat zu haben. Hier finden sich außerdem die wichtigsten Angaben zur Aussprache und die Abkürzungen, die in der Wort-für-Wort-Übersetzung und in den Wörterlisten verwendet werden; weiterhin eine kleine Liste der wichtigsten Fragewörter sowie Orts- und Richtungsangaben. Wer ist nicht schon einmal aufgrund missverstandener Gesten im fremden Land auf die falsche Fährte gelockt worden?

Aufgeklappt ist der Umschlag eine wesentliche Erleichterung, da nun die gewünschte Satzkonstruktion mit dem entsprechenden Vokabular aus den einzelnen Kapiteln kombiniert werden kann.

Wenn alles nicht mehr weiterhilft, dann ist vielleicht das Kapitel „Nichts verstanden? – Weiterlernen!" der richtige Tipp. Es befindet sich ebenfalls im Umschlag, stets bereit, mit der richtigen Formulierung für z. B. „Ich verstehe leider nicht." oder „Können Sie das bitte wiederholen?" auszuhelfen.

Kauderwelsch-AusspracheTrainer

*Falls Sie sich die wichtigsten chinesischen Sätze, die in diesem Buch vorkommen, einmal von einem Einheimischen gesprochen anhören möchten, kann Ihnen Ihre Buchhandlung den **AusspracheTrainer** zu diesem Buch besorgen. Sie bekommen ihn auch über unseren Internetshop* **www.reise-know-how.de** *Alle Sätze, die Sie auf dem **Kauderwelsch-AusspracheTrainer** hören können, sind in diesem Buch mit einem 🔊 gekennzeichnet.*

12 | shí-èr

Das Chinesische

Chinesisch ist mit über eine Milliarde Sprechern die meistgesprochene Sprache der Welt. Innerhalb der Volksrepublik China wird es von 95 % der Bevölkerung gesprochen, außerdem spricht man es auf Taiwan, in Hongkong, Singapur und Malaysia. Auch in den Gebieten der VR China, in denen Minderheiten wohnen, wird es verstanden und neben der eigenen Muttersprache (in den Städten) gesprochen. In Indonesien, Burma, Thailand und in den USA existieren starke chinesische Minderheiten.

Die chinesische Sprache wird in China Hanyu, „Sprache des Han-Volkes", genannt. Seit den 50er Jahren wird in allen chinesischen Schulen der Volksrepublik Putonghua („Allgemeinsprache") unterrichtet, so dass vor allem Jüngere neben ihrem jeweiligen Dialekt auch Hoch-Chinesisch beherrschen. Insbesondere ältere Chinesen auf dem Land sprechen das Putonghua gar nicht oder unzulänglich. Die Namen Hanyu, Putonghua oder Mandarin sind Bezeichnungen für das Chinesische und können synonym gebraucht werden.

Insgesamt gibt es in der VR China acht Dialekte. Sie haben zwar im Wesentlichen die gleiche Grammatik und den gleichen Wortschatz, unterscheiden sich aber in der Aussprache so stark, dass etwa ein Pekinger einen Kantonesen und umgekehrt überhaupt nicht

shí-sān | **13**

Das Chinesische

verstehen kann. Vor allem in und um Hongkong und Kanton wird von der Bevölkerung fast ausschließlich der kantonesische Dialekt gesprochen. Das moderne Hoch-Chinesisch basiert auf dem Nordchinesischen Dialekt.

Typisch für das Chinesische ist das Fehlen jeglicher Beugung bei Verben, Hauptwörtern, Fürwörtern etc. (d. h., sie verändern nie ihre Gestalt) und eine relativ einfache Grundgrammatik.

Das Chinesische ist eine Tonsprache. Die „Töne" sind dabei nicht mit einem bestimmten Ton einer Tonleiter zu verwechseln, sondern sind eher mit einer „Melodie" zu vergleichen, in der eine Silbe ausgesprochen („gesungen") wird. Im Deutschen spielen Töne nur eine sehr untergeordnete Rolle und verändern nicht die Wortbedeutung. Im Chinesischen verändert sich aber mit dem Ton auch die Bedeutung.

Es gibt in der chinesischen Hochsprache eigentlich nur 411 verschiedene Silben. Da die meisten aber in vier Grundtönen vorkommen, vervielfachen sie sich auf über 1300. Im Gegensatz dazu haben der Fukien- und der Kanton-Dialekt mehr Tonsilben.

Seitenzahlen
Um Ihnen den Umgang mit den Zahlen zu erleichtern, wird auf jeder Seite die Seitenzahl auch in Chinesisch angegeben!

14 | shí-sì

Karte der wichtigsten Dialekte in China

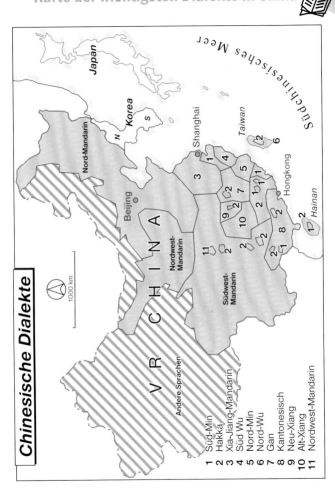

shí-wǔ | 15

Die Schrift

Die chinesische Schrift ist eine Zeichen- und Bilderschrift. Jedes Schriftzeichen steht für eine Silbe, die die kleinste bedeutungstragende Einheit darstellt. Eine Silbe ist aber nicht unbedingt ein selbständiges Wort. Im modernen Chinesisch kann ein Wort aus einem oder mehreren Schriftzeichen (Silben) bestehen. Da die Schriftzeichen immer mit demselben Abstand zueinander geschrieben werden, kann das beim Übersetzen schon mal zu Missverständnissen führen. Die Schriftzeichen selbst werden so geschrieben, dass die Striche beim Schreiben von oben nach unten und von links nach rechts geführt werden.

Bis zum Untergang der Monarchie 1911 bestand neben der gesprochenen Sprache noch die klassische Schriftsprache. Sie spielte eine ähnliche Rolle wie das Latein im europäischen Mittelalter. Frühe Zeugnisse der chinesischen Schrift reichen bis in das 2. Jh. v. Chr. zurück. Im Laufe der Zeit entstanden etwa 50.000 Schriftzeichen. Davon sind in der Volksrepublik China heute nur noch etwa 5000 bis 7000 in Gebrauch. Die Hälfte davon lernt ein Schüler zu beherrschen, und damit kann auch 99 % einer Tageszeitung gelesen werden.

Ende der 50er Jahre wurde mit einer Schriftreform begonnen, die immer noch nicht ganz abgeschlossen ist. Die aus vielen Einzelstri-

Die Schrift

chen bestehenden Schriftzeichen wurden vereinfacht. Es entstanden die so genannten „Kurzzeichen".

Heute kann man in der VR China an vielen öffentlichen Gebäuden neben den chinesischen Schriftzeichen bereits die lateinische Umschrift hànyǔ pīnyīn (~~ch~~anyü pinyin) sehen. Diese Umschrift wird auch in allen Schulen unterrichtet. Früher existierten verschiedene Arten von Umschriften des Chinesischen. Heute ist Hanyu Pinyin die einzige offiziell, auch von der UNO anerkannte Transkription.

Im vorliegenden Kauderwelsch-Band „Hoch-Chinesisch" wird diese Transkription auch verwendet, sie steht immer in der ersten Zeile. In der zweiten Zeile ist darüber hinaus eine Lautschrift hinzugefügt, die der deutschen Sprache näherkommt. In der offiziellen Umschrift hànyǔ pīnyīn sind die Töne gekennzeichnet, in der der deutschen Aussprache angelehnten Lautschrift sind Selbstlaute in betonten Silben unterstrichen. Vom Hanyu Pinyin ist nur in einem Punkt abgewichen worden: Aus Gründen der Übersichtlichkeit sind die Silben eines Wortes meistens durch einen Bindestrich getrennt; auch wenn nicht immer jede Silbe in der Wort-für-Wort-Übersetzung übersetzt wurde.

Die Erfahrung zeigt, dass für den Reisenden die Ergänzung der chinesischen Schriftzeichen zum Daraufzeigen eine große Hilfe ist. Daher ist die chinesische Schrift an sinnvollen Stellen ergänzt.

Lautschrift & Aussprache

Lautschrift & Aussprache

Die folgende Tabelle folgt der Reihenfolge des deutschen Alphabets, damit man die einzelnen Laute schneller auffinden kann.

mā-ma ma-ma *Mama*	**a**	a	wie in „V**a**ter"
ài ai *Liebe*	**ai**	ai	wie in „M**ai**"
gān gan *trocken*	**an**	an	wie in „K**an**ne"
yuǎn yüän *weit*		än	nach i, u, y wie in „k**en**nt", jedoch etwas länger
bāng bang *helfen*	**ang**	ang	wie in „G**ang**"
dào dau *ankommen*	**ao**	au	wie in „R**au**m"
běi bäi *Nord*	**b**	b	wie in „**B**ad"
cóng tsung *folgen; von*	**c**	ts	wie in „ste**ts**" (behaucht, * s. u.)
cháng tschang *lang*	**ch**	tsch	wie in „deu**tsch**" (behaucht)
duì dui *richtig*	**d**	d	wie in „**D**ach"
è è *hungrig*	**e**	è	wie auslautendes „e" in „End**e**", jedoch gedehnter
yuè yüä *Monat*		ä	nach i, u, y wie in „B**e**tt", jedoch länger gesprochen
lèi läi *müde*	**ei**	äi	wie in „L**ay**out" oder „ok**ay**!"
hěn chèn *sehr*	**en**	èn	wie in „lauf**en**", jedoch länger
lěng lèng *kalt*	**eng**	èng	wie **e** + **ng**
èr èr *zwei*	**er**	èr	wie **e** + **r**, jedoch gedehnter
fàn fan *Reis*	**f**	f	wie in „**F**ahrt"
gěi gäi *geben*	**g**	g	wie in „Re**g**en"
Hélán Chèlan *Holland*	**h**	ch	wie in „Ba**ch**", nicht wie in „i**ch**"!
yī yi *eins*	**i**	i	am Wortende wie in „w**ie**", jedoch kürzer; in der Wortmitte flüchtiges „i" wie in „L**i**ane"
liǎng liang *zwei*			
cì tsï *Mal*		ï	nur nach c, ch, r, s, sh, z, zh ** (s. u.)

18 shí-bā

Lautschrift & Aussprache

j	dj	wie im englischen „**J**eep" (vorne sprechen!)	jī	dji	*Huhn*
k	k	wie in „**K**unst" (behaucht)	kāi	kai	*fahren*
l	l	wie in „**l**allen"	lái	lai	*kommen*
m	m	wie in „**M**eile"	měi	mäi	*schön*
n	n	wie in „**N**ame"	néng	neng	*können*
o	o	wie in „S**o**nne", jedoch länger	fó	fo	*Buddha*
ong	ung	wie in „Leit**ung**"	hóng	~~chung~~	*rot*
ou	ou	wie im englischen „g**o**" (gehen)	tóu	tou	*Kopf*
p	p	wie in „**P**anne" (behaucht)	píng	ping	*Flasche*
q	tj	wie im englischen „**ch**eer" (behaucht)	qǐng	tjing	*bitte*
r	sh	stimmhaft wie in „**J**ournal"	rén	shen	*Mensch*
	r	am Silben- oder Wortende wie englisches „r", tief im Rachen gesprochen	èr	er	*zwei*
s	ß	stimmlos wie in „Bu**s**"	sì	ßi	*vier*
sh	sch	stimmlos wie in „**Sch**ule"	shu	schuo	*sagen*
t	t	wie in „**T**ag" (behaucht)	tā	ta	*er, sie*
u	u	am Wortende wie in „H**u**t" (aber kürzer); in der Wortmitte wie in „R**u**anda" (flüchtig gesprochen)	bù	bu	*nein*
	ü	nur nach j, q, x, y wie in „m**ü**de"	qù	tjü	*gehen*
ü	ü	am Wortende wie in „m**ü**de" (aber kürzer); in der Wortmitte wie in „H**y**äne" (flüchtig gesprochen)	lü nǚ-èr	lü nü-èr	*grün* *Tochter*
w	w	Halblaut zwischen „u" und „w", wie im englischen „**w**ater" (Wasser)	wǎn	wan	*spät*
x	ch	wie in „i**ch**" + „**ß**", z. B. wie in „Hab' i**ch's** doch gewusst!"	xué	chüä	*lernen*
y	y	wie in „Ma**y**a" bzw. wie in „**J**äger"	yào	yau	*wollen*
z	ds	wie in „Run**ds**aal"	zǎo	dsau	*früh*
zh	dsh	wie in „**Dsch**ungel"	zhù	dshu	*wohnen*

shí-jiǔ | **19**

Lautschrift & Aussprache

Anmerkungen * / **

* Die Mitlaute c, ch, k, p, q, t werden stärker „behaucht" als im Deutschen, also so ausgesprochen, als folgte ein „h", z. B. klingt p wie in „Ki**pph**ebel", t wie in „Schu**tth**alde", k wie in „Sa**ckh**üpfen".

** Das i nach den Lauten ch, c, r, sh, s, z, zh wird nicht wie das „i" in „Liebe" gesprochen, sondern es ist eher eine „Verlängerung" des vorangegangenen Mitlauts. Die Zunge verharrt dabei in der Stellung, in welcher der Laut gebildet wird. Das klingt ungefähr so, als endeten sie stimmhaft. In der Lautschrift ist dieser Laut mit durchgestrichenem „i", also i, gekennzeichnet.

Töne

In europäischen Sprachen trägt die Tonhöhe keine Sinn unterscheidende Bedeutung, auch wenn man im Deutschen einige Wörter oder Sätze in einer bestimmten „Melodie" ausspricht. So hebt man z. B. im Deutschen am Ende eines Fragesatzes auch etwas die Stimme an.

Das Hoch-Chinesische weist fünf Töne auf. Jede Silbe hat einen Ton. Innerhalb mehrsilbiger Wörter folgen also oft unterschiedlich Töne aufeinander.

Im Chinesischen gehören die Töne untrennbar zum Wort. Ändert sich der Ton, ändert sich meist auch die Bedeutung. Das gute Zuhören ist daher sehr wichtig. Vernachlässigt man die Töne, kann es geschehen, dass der angesprochene Chinese gar nicht merkt, dass man versucht, Chinesisch zu sprechen. „Tonloses" Chinesisch ist kein Chinesisch!

Das begleitende Tonmaterial ist deshalb beim Üben eine unentbehrliche Hilfe.

Lautschrift & Aussprache

Folgende fünf Töne werden im Chinesischen unterschieden:

Der erste Ton wird am oberen Ende der natürlichen Stimmlage gleichmäßig hoch gesprochen. Er gleicht einem betonten Wort in einem Satz: „Ich habe aber nur sie gesehen!".

Im Hanyu Pinyin ist der hohe Ton mit einem geraden Strich über der betreffenden Silbe markiert: ā, ē, ī, ō, ū.

| shū | schu | Buch |
| yī-yuàn | yi-yüän | Krankenhaus |

Der zweite Ton ist ein von der Mitte der natürlichen Stimmlage ansteigender Ton. Er gleicht in etwa dem deutschen Tonfall in Fragen wie „wér?" oder „wás?".

Gemäß dem Klang wird der 2. Ton durch einen von links unten nach rechts oben ansteigenden Strich markiert: á, é, í, ó, ú.

| yóu-jú | you-djü | Postamt |
| yín-háng | yin-~~ch~~ang | Bank (-gebäude) |

Der dritte Ton ist ein von etwas unterhalb der mittleren Stimmlage zunächst fallender, dann wieder ansteigender Ton.

Der 3. Ton ist durch einen zunächst fallenden, dann steigenden Strich markiert: ă, ĕ, ĭ, ŏ, ŭ.

| fàn-guǎn | fan-guan | Restaurant |
| qǐng | tjing | bitte |

Folgt einer Silbe im 3. Ton unmittelbar eine Silbe im 1., 2., 4. oder 5. Ton, wird nur der „absinkende" Teil gesprochen, dies ist der so genannte halbe dritte Ton:

hǎo-tīng	= hào-tīng	~~ch~~au-ting	gut klingen
hǎo-kàn	= hào-kàn	~~ch~~au-kan	schön
hǎo-le	= hào-le	~~ch~~au-lé	fertig

èr-shí-yī | 21

Lautschrift & Aussprache

Folgen zwei 3. Töne aufeinander, dann wird die erste Silbe im zweiten Ton gesprochen:

| **hǎo jiǔ** | = háo jiǔ | ~~chau~~ djiu | lange Zeit |

Gemäß seinem Klang ist der 4. Ton durch einen von links oben nach rechts unten führenden Strich markiert: à, è, ì, ò, ù.

Der vierte Ton ist dem 2. Ton entgegengesetzt: Er ist ein von der oberen Stimmlage fallender Ton. Er entspricht ungefähr dem Tonfall im bei einem strengen Befehl: „Ràus!".

| **fàn-diàn** | fan-diän | Hotel |
| **diàn-huà** | diän-~~chua~~ | Telefon |

Einige Wörter haben im Chinesischen mehrere Töne und können je nach lautlicher Umgebung ihren Ton wechseln. Folgt diesen eine Silbe im vierten Ton, erhalten sie den 2. Ton:

wǒ bù lái	aber:	**bú guì**
ich nicht herkommen		*nicht teuer*
ich komme nicht		nicht teuer

Der 5. Ton ist „tonlos" oder neutral und hat keine besondere Kennzeichnung in Hanyu Pinyin: a, e, i, o, u.

Neben diesen vier Tönen gibt es noch den fünften, tonlosen Ton, der neutral in der stimmlichen Mittellage gesprochen wird. Er kommt meist nur in Wortzusammensetzungen vor. Auch der tonlose Ton ist bedeutungsunterscheidend!

mù-tou	mu-tou	Holz
zhūo-zi	dshuo-dsi	Tisch
shénme	schén-mė	was

22 èr-shí-èr

Lautschrift & Aussprache

Um die Wichtigkeit der Töne noch einmal zu verdeutlichen, hier einige Beispiele. Die Silbe ma hat je nach Ton folgende Bedeutungen:

erster Ton:	**mā**	= Mutter
zweiter Ton:	**má**	= Hanf
dritter Ton:	**mǎ**	= Pferd
vierter Ton:	**mà**	= schimpfen
fünfter Ton:	**ma**	(= Fragepartikel)

Ob man in einem Restaurant tang im ersten oder zweiten Ton verlangt, ist nicht egal, denn im ersten Ton bedeutet es „Suppe", im zweiten hingegen „Zucker". Wollen Sie die Suppe als wohlschmeckend (xiān) loben oder als versalzen (xián) kritisieren? Wollen Sie etwas kaufen (mǎi) oder verkaufen (mài)?

Zhè-ge tāng hěn xiān / xián.
dshě-gě tang ehén chiän / chiän
dies-Stück Suppe sehr wohlschmeckend / salzig
Diese Suppe schmeckt gut / ist versalzen!

Wǒ mǎi / mài yì běn shū.
wo mai / mai yi běn schu
ich kaufen / verkaufen ein Band Buch
Ich kaufe / verkaufe ein Buch.

„Ost-West" heißt auf Chinesisch dōng-xī (dung-chi). Beide Silben werden im ersten Ton gesprochen. Wird nun aber die zweite Silbe ohne Ton (tonlos) ausgesprochen, erhält man dōng-xi (dung-chi) und das heißt im Deutschen „Sache" oder „Ding"!

Sie sehen also, dass es enorme Verwirrung stiften kann, wenn Sie die Töne nicht richtig aussprechen, daher sollten Sie sich von Anfang an bemühen, die Töne zu sprechen, auch wenn es sicher zunächst ziemlich schwer fällt!

Lautschrift & Aussprache

Betonung & Satzmelodie

Im Chinesischen hat die Wortbetonung eher eine untergeordnete Rolle und kann außerdem je nach Sprechsituation und Reihenfolge der Töne variieren. Die Silben eines Wortes werden eher gleichmäßig betont gesprochen.

Was die Satzmelodie anbelangt, wird in Aussagesätzen die Satzaussage (Prädikat) ein wenig betont; soll die Bedeutung des Satzgegenstandes (Subjekt) hervorgehoben werden, wird dieser betont. In der grauen Lautschrift in diesem Buch ist die Betonung nur dann angegeben, wenn ein Wort besonders hervorgehoben werden soll. In diesem Fall ist der Selbstlaut der betonten Silbe unterstrichen.

Wörter, die weiterhelfen

Wörter, die weiterhelfen

Eine Frage kann man höflich mit folgender Einleitung beginnen:

请问 。。。
Qǐng wèn ...
tjing wèn ...
bitten fragen
Eine Frage bitte ...

Keinesfalls duì-bú-qǐ *verwenden, denn das bedeutet „Entschuldigung" im Sinne von „Verzeihung, dass ich Sie beleidigt oder angerempelt habe".*

。。。在哪里?
... zài nǎ-li?
dsai na-li
sich-befinden wo
Wo ist ...?

我找 。。。
Wǒ zhǎo ...
wo dshao
ich suchen
Ich suche ...

Hier kann man (ohne Artikel!) einsetzen:

yào-diàn	yau-diän	Apotheke	药店
huǒ-chē-zhàn	~~ch~~uo-tscḫe-dshan	Bahnhof	火车站
yín-háng	yin-~~ch~~ang	Bank (Geld)	银行
dà-shǐ-guǎn	da-scḫi-gu̮an	Botschaft	大使馆
qì-chē-zhàn	tji-tscḫe-dshan	Bushaltestelle	汽车站
fēi-jī-chǎng	fäi-dji-tschang	Flughafen	飞机场
fàn-diàn	fan-diän	Hotel	饭店
yī-yuàn	yi-yüän	Krankenhaus	医院
jǐng-chá	djing-tscḫa	Polizei	警察
yóu-jú	you-djü	Postamt	邮局
fàn-guǎn	fan-guan	Restaurant	饭馆
chū-zū-chē	tschu-dsu-tscḫe	Taxi	出租车
diàn-huà	diän-~~ch~~ua	Telefon	电话

èr-shí-wǔ 25

Wörter, die weiterhelfen

Damit Sie nicht ausschließlich auf Gesten angewiesen sind, hier einige wichtige Richtungshinweise:

一直	**yī-zhí (zǒu)**	yi-dshi (dsou)	geradeaus
往回走	**wǎng huí zǒu**	wang hui dsou	zurück
右边	**yòu-bian**	you-biän	rechts
往右	**wǎng yòu**	wang you	nach rechts
左边	**zuǒ-bian**	dsuo-biän	links
往左	**wǎng zuǒ**	wang dsuo	nach links
在后面	**zài hòu-mian**	dsai chou-miän	hinten
在前面	**zài qián-mian**	dsai tjiän-miän	vorne
北（部）	**bēi (bù)**	bäi (bu)	Nord
东（部）	**dōng (bù)**	dung (bu)	Ost
南（部）	**nán (bù)**	nan (bu)	Süd
西（部）	**xī (bù)**	chi (bu)	West
这里	**zhè-li**	dshe-li	hier
到这里	**dào zhè-li**	dau dshe-li	hierher
那里	**nà-li**	na-li	dort
到那里	**dào nà-li**	dau na-li	dorthin
近	**jìn**	djin	nahe
远	**yuǎn**	yüän	weit
十字路口	**shí-zì lù-kǒu**	schi-dsi lu-kou	Kreuzung
红绿灯	**hóng-lǜ-dēng**	chung-lü-deng	Ampel

Das -bian kann ohne Bedeutungsunterschied mit -mian ersetzt werden (und umgekehrt).

有。。。吗？	有没有。。。？
Yǒu ... ma?	**Yǒu méi yǒu ...?**
you ... ma	you mäi you
haben ... FP	*haben nicht haben*
Gibt es ...?	Gibt es ...?

26 èr-shí-liú

Wörter, die weiterhelfen

In diese Satzkonstruktionen kann man wieder alle sinnvollen Wörter einsetzen:

miàn-bāo	miän-bau	Brot	面包
shuǐ-guǒ	schui-guo	Obst	水果
shǒu-zhǐ	schou-dshë	Klopapier	手纸
qì-shuǐ	tji-schui	Limonade	汽水
huǒ	chuo	Feuer	火

有。 没有。
Yǒu. **Méi yǒu.**
you mäi you
haben *nicht haben*
Ja, es gibt. Nein, gibt es nicht.

我要。。。 我不要。。。
Wǒ yào ... **Wǒ bù yào ...**
wo yau wo bu yau
ich wollen *ich nicht wollen*
Ich möchte / will ... Ich möchte / will kein ...

chī-fàn	tschi-fan	essen	吃饭
fáng-jiān	fang-djiän	Zimmer	房间
mǎi dōng-xi	mai dung-chi	einkaufen	买东西
hē	che	trinken	喝
mǎi zhè-ge	mai dshë-gé	das kaufen	买这个
fù qián	fu tjiän	bezahlen	付钱

。。。多少钱？ 这是多少钱？
... duōshao qián? **Zhè shì duōshao qián?**
duoschau tjiän dschë schi duoschau tjiän
wie viel Geld *das ist wie-viel Geld*
Wie viel kostet ...? Wie viel kostet das?

èr-shí-qī | **27**

Dinge und ihre Eigenschaften

Dinge und ihre Eigenschaften

Chinesische Hauptwörter kennen kein männliches, weibliches oder sächliches Geschlecht und meist auch keine Mehrzahl. Sie werden auch nicht gebeugt wie im Deutschen („des Buches"). Die genaue Bedeutung ergibt sich aus dem Kontext: shū (schu) = Buch, ein Buch, das Buch, Bücher, die Bücher.

Bei Wörtern, die Personen bezeichnen, wird zur Mehrzahlbildung meist -men angehängt:

péng-yǒu	péng-you	Freund(in)
péng-yǒu-men	péng-you-mé	Freunde/-innen

Wenn die Mehrzahl schon anderweitig zum Ausdruck kommt, entfällt das -men:

Gōng-rén hěn duō.
gung-ré ~~ehěn~~ dụo
Arbeiter sehr viel
Die Arbeiter sind zahlreich.

Das Eigenschaftswort steht immer vor dem Hauptwort, das es näher beschreibt:

männlich Mensch	**nán rén**	nạn shẹn	Mann, Männer
weiblich Mensch	**nǔ rén**	nü shẹn	Frau, Frauen

Auch Eigenschaftswörter können näher bestimmt werden. Wobei hěn allerdings meistens unübersetzt bleibt.

Dinge und ihre Eigenschaften

| **hěn guì** | ~~ch~~ĕn gui | (sehr) teuer |
| **bú guì** | bu gui | nicht teuer |

die Partikel „de"

Einsilbige Eigenschaftswörter stehen meist ohne die Partikel de vor dem Hauptwort. Soll aber betont werden, dass das Buch z. B. „rot" und „nicht grün" ist, braucht man das de:

xīn shū	ch<u>in</u> sch<u>u</u>	ein neues Buch	*neu Buch*
hóng shū	~~ch~~<u>u</u>ng sch<u>u</u>	das rote Buch	*rot Buch*
hóngde shū	~~ch~~<u>u</u>ngde sch<u>u</u>	das rote(!) Buch	*rot-P Buch*

Zweisilbige Eigenschaftswörter stehen meistens mit der Partikel de:

gānjìngde yīfu
gandjìngde yīfu
sauber-P Kleidung
saubere Kleidung

gāogāode shān
gaugaude schan
hoch-P Berg
der hohe Berg

Bei Bezeichnungen menschlicher Beziehungen sowie bei Besitzverhältnissen und Zugehörigkeiten kann de entfallen:

wǒmen lǎo-shī
womén lau-schi
wir Lehrer
unser Lehrer

zhōng-guó cài
dschung-guo tsai
China Küche
chinesische Küche

In der Wort-für-Wort-Übersetzung wird die Partikel de immer mit „P" wiedergegeben.

Sein & haben

Grundsätzlich gibt es zwei Varianten im Chinesischen, um Sätze zu bilden, die im Deutschen das Verb „sein" oder „haben" verlangen.

Eigenschaftswörter als Satzergänzung

Bei neutralen Beschreibungen kann man einfach das Eigenschaftswort ohne Verb oder shì (sein) nachstellen:

Das Eigenschaftswort hěn (sehr) hat hier eine abgeschwächte Bedeutung und bleibt meist unübersetzt.

Zhōng-guó hěn dà.
dshung-guo chen da
chinesisch-Land sehr groß
China ist groß.

Tiān-qì hěn hǎo.
tiän-tji chen chau
Wetter sehr gut
Das Wetter ist gut.

Wenn etwas hervorgehoben oder betont werden soll (insbesondere Farbangaben), verwendet man shì (sein) plus einem Eigenschaftswort und die Partikel de.

Zhè běn shū shì xīn-de.
dshè bèn schu schi chin-dé
dies Band Buch ist neu-P
Das Buch ist neu.

Tiān shì lán-de.
tiän schi lan-dè
Himmel ist blau-P
Der Himmel ist blau.

Hauptwörter als Satzergänzung

In diesen Sätzen verlangt das Deutsche in der Regel das Hilfsverb „haben", im Chinesischen jedoch steht weder Verb noch shì (sein):

Ich, du & mein, dein

Tā tóu tòng.

ta <u>tou</u> tung

er/sie Kopf Schmerzen

Er/sie hat Kopfschmerzen.

Bei Sätzen, in denen im Deutschen ebenfalls „sein" steht, wird im Chinesischen meist auch shì (sein) verwendet:

Wǒ shì déguó-rén.

wo sch<s>i</s> <u>déguo</u>-shén

ich sein Deutschland-Mensch

Ich bin Deutsche(r).

Zhè shì shū.

dshé sch<u>i</u> schu

dies ist Buch

Das sind Bücher.

Ich, du & mein, dein

War es in der Vergangenheit durchaus üblich auch Fremde mit nǐ (eigentlich „du") anzusprechen, so wird inzwischen die „Sie"-Form nín immer häufiger verwendet. Insbesondere in der Geschäftswelt in Großstädten ist dies nahezu ein Muss geworden. Auch beim Erkundigen nach dem Weg sollte nín zum Einsatz kommen.

我	**wǒ**	wo	ich
你、您	**nǐ, nín**	ni, nin	du, Sie
他、她、它	**tā, tā, tā**	ta, ta, ta	er, sie, es
我们	**wǒmen**	w<u>o</u>mén	wir
你们	**nǐmen**	n<u>i</u>mén	ihr/Ihnen
他们	**tāmen**	t<u>a</u>mén	sie

sān-shí-yī | **31**

Ich, du & mein, dein

unpersönliches „es"

Für das deutsche unpersönliche „es" gibt es im Chinesischen keine Entsprechung, statt dessen wird yǒu (haben) verwendet.

Yǒu ...	**Méi yǒu ...**
you	mäi you
haben	*nicht haben*
Ja. / Es gibt ...	Nein. / Es gibt nicht ...

besitzanzeigende Fürwörter

Die besitzanzeigenden Fürwörter (Possessivpronomen) werden gebildet, indem an die persönlichen Fürwörter die Partikel de angehängt wird:

我的	**wǒde**	wo̱de̱	mein
你的	**nǐde**	ni̱de̱	dein
他的、她的	**tāde, tāde**	ta̱de̱, ta̱de̱	sein, ihr
我们的	**wǒmende**	wo̱me̱nde̱	unser
你们的	**nǐmende**	ni̱me̱nde̱	euer
他们的	**tāmende**	ta̱me̱nde̱	ihr

Beachte:
Bei engen (nicht nur verwandtschaftlichen) Beziehungen kann de auch mal entfallen.

wǒde shū
wo̱de schu
mein Buch

wǒmende hái-zi
wo̱me̱nde ha̱i-dsi̱
wir-P Kinder
unsere Kinder

tā mā
ta ma
seine/ihre Mutter

Zhè shì wǒde.
dsche schi̱ wo̱de
dies ist mein
Das ist meins.

sān-shí-èr

Gehen, gegangen, werden gehen

Gehen, gegangen, werden gehen

Chinesische Verben können ein- oder zweisilbig sein, z. B. mǎi (kaufen) oder gōng-zuò (arbeiten). Die Verben bleiben unverändert, werden also nicht wie im Deutschen gebeugt (z. B. „ich esse, du isst, er isst").

xué	**wǒ xué**	**tā xué**
chüä	wo chüä	ta chüä
studieren	*ich studieren*	*er/sie studieren*
studieren	ich studiere	er/sie studiert

Viele chinesische Verben bilden mit Hauptwörtern eine Einheit, z. B. die Folgenden:

chī-fàn	**mǎi dōng-xi**	**Xià yǔ le.**
tschi-fan	mai dung-chi	chia yü lë
essen-Essen	*kaufen Sache*	*fallen Regen P*
essen	einkaufen	Es regnet.

einfache Sätze mit Verben

Die Satzstellung ist wie in einfachen deutschen Aussagesätzen: Satzgegenstand (Subjekt) + Satzaussage (Prädikat) + Satzergänzung (Objekt):

Wǒ kàn bào.
wo kan bau
ich sehen Zeitung
Ich lese Zeitung.

Gehen, gegangen, werden gehen

Beachte jedoch: Vertauscht man im nächsten Satz Satzgegenstand und -ergänzung, so verändert sich die Bedeutung:

Allein aus der Wortstellung im Satz kann man in der Regel erkennen, was gemeint ist. Die Wörter selber werden nicht verändert (also nicht gebeugt)!

Wǒ wèn nǐ.	**Nǐ wèn wǒ.**
wo wèn ni	ni wèn wo
ich fragen du	*du fragen ich*
Ich frage dich.	Du fragst mich.

Soll die Satzergänzung betont werden, kann sie an den Satzanfang gestellt werden:

Zhè běn shū wǒ xiǎng mǎi.
dshé bèn schu wo chiang mai
dies Band Buch ich wollen kaufen
Dieses Buch möchte ich kaufen. (nicht jenes)

Vergangenheit

Hängt man die Partikel le an die Satzaussage, zeigt sie an, dass die Handlung abgeschlossen ist, oder dass etwas eingetreten / vorhanden ist, was vorher noch nicht da war.

In der Wort-für-Wort-Übersetzung steht immer dann „Verg." (Abkürzung für „Vergangenheit"), wenn le bzw. guò die Vergangenheit anzeigen.

Wǒ hē chá.	**Wǒ hē-le chá.**
wo ehē tscha	wo ehē-lé tscha
ich trinken Tee	*ich trinken(-Verg.) Tee*
Ich trinke Tee.	Ich habe Tee getrunken.

Tā lái-le.	**Huǒ-chē lái-le.**
ta lai-lē	huo-tschē lai-lē
er/sie kommen(-Verg.)	*Zug kommen(-Verg.)*
Er/sie ist gekommen.	Der Zug ist gekommen.

Gehen, gegangen, werden gehen

Auch an Eigenschaftswörter kann man die Partikel le anhängen:

Tóu-fa bái-le.
tou-fa bai-le
Haar grau(-Verg.)
Die Haare sind grau geworden.

Die Partikel -guò zeigt hingegen die unbestimmte Vergangenheit an. In diesem Sinn drückt sie aus, ob man jemals etwas getan oder erlebt hat. Sie wird ebenfalls an das betreffende Verb angehängt.

Tā qù-guò Zhōng-guó.
ta tjü-guo dshung-guo
er/sie gehen(-Verg.) chinesisch-Land
Er/sie war (schon einmal) in China.

Zukunft

Um die Zukunft zu kennzeichnen, stellt man dem Verb lediglich eine Zeitangabe, die sich auf die Zukunft bezieht, voran. Auch im Deutschen hat man diese Möglichkeit, um Zukunft auszudrücken.

Wǒ míng-nián xué zhōng-wén.
wo ming-niän chüä dshung-wén
ich nächstes-Jahr studieren chinesisch-Sprache
Ich werde nächstes Jahr Chinesisch studieren.
Oder auch:
Nächstes Jahr studiere ich Chinesisch.

Gehen, gegangen, werden gehen

Art und Weise

Die Umstandsbestimmung (Adverb) der Art und Weise und die Umstandsbestimmung, die eine „Abstufung" oder einen „Intensitätsgrad" ausdrückt, wird mit dem Verb + de und einem Eigenschaftswort gebildet. Die Satzstellung ist:

Tā pǎo-de hěn / bú kuài.
ta pau-dé ~~chén~~ / bu ku<u>ai</u>
er/sie läuft-P sehr / nicht schnell
Er/sie läuft (sehr) / nicht schnell.

Tā gōng-zuò-de hěn / bù hǎo.
ta gung-dsuo-dé ~~chén~~ / bu ~~chau~~
er/sie arbeitet-P sehr / nicht gut
Er/sie arbeitet (sehr) / nicht gut.

36 | sān-shí-liù

Wenn ..., dann ...

Im Chinesischen werden Bindewörter (Konjunktionen) seltener als im Deutschen gebraucht, denn der Sinn geht häufig klar aus dem Zusammenhang hervor.

Hier wird z. B. die Vorzeitigkeit allein durch die an das Verb (des Nebensatzes) angehängte Partikel le ausgedrückt:

Wǒmen chī-le-fàn qù kàn diàn-yǐng.
wǒmèn tschī-lè-fan tjü kan diǎn-ying
wir essen(-Verg.)-Essen hingehen sehen Film
Wenn wir gegessen haben, gehen wir ins Kino.

yě	auch, und (Nebensatz)	yä
bìng-qiě	außerdem	bìng-tjiä
ér-qiě	außerdem	ér-tjiä
bù-rán	sonst	bu-schan
dàn-shì	aber	dan-schi
huò-zhě	oder (Aussagesatz)	~~chu~~o-dshě
haí-shì	oder (Fragesatz)	~~ch~~ai-schi
bú-dàn ... ér-qiě	nicht nur ... sondern auch	bu-dan ... ér-tjiä
bú-shì ... jiù-shī	wenn nicht ... dann (Kritik)	bu-schi ... djiu-schi
shì ... haí-shì	entweder ... oder (Fragesatz)	schi ... ~~ch~~ai-schi
(huò-zhě)	entweder .... oder	(~~chu~~o-dshě) ... ~~chu~~o-dshě
... huò-zhě	(Aussagesatz)	

Wǒ chī-fàn, tā yě chī-fàn.
wo tschi-fan, ta yě tschi-fan
ich essen-Essen, er/sie auch essen-Essen
Ich esse. Er/sie isst auch.

sān-shí-qī | **37**

Wenn ..., dann ...

Piányi yì-diǎn ba, bù-rán wǒ bù mǎi.
piānyi yī-diǎn ba, bu-shan wo bu mai
billig eins-mal AP, sonst ich nicht kaufen
Machen Sie es ein bisschen billiger, sonst kaufe ich nicht.

Nín hē chá hái-shì hē shuǐ?
nin ehe tscha ehai-schi ehe schui
du trinken Tee oder trinken Wasser
Trinkst du / trinken Sie Tee oder Wasser?

Hěn hǎo-chī, dàn-shi wǒ chī-bǎo le.
ehen ehau-tschi dan-schi wo tschi-bau le.
sehr gut-essen aber ich essen-satt P
Es schmeckt sehr gut, aber ich bin satt.

Relativsätze

Relativsätze werden im Chinesischen auf dreierlei Weise wiedergegeben. Die Regel, dass das Bestimmende vor dem zu Bestimmenden stehen muss, gilt auch für eine der drei Arten von Relativsätzen, auf die hier nur eingegangen werden soll; z. B.: „Das Buch, das ich gekauft habe, ist ...". shū (Buch) wird hier näher durch „das ich gekauft habe" bestimmt:

Wǒ mǎi-de zhè běn shū shì hóng-de.
wo mai-dè dshè bén schu schi ehong-dè
ich kaufen(-Verg.) dies Band Buch ist rot-P
Das Buch, das ich gekauft habe, ist rot.

In, am, auf & Co.

Im Chinesischen gibt es eigentlich keine reinen Verhältniswörter (Präpositionen) wie im Deutschen, oft sind es Verben mit „präpositionaler Bedeutung".

		als Vollverb	als Verhältniswort
zài	dsai	sich befinden	in (örtlich)
yòng	yung	benutzen	mit
ná	na	nehmen	mit
gěi	gäi	geben	für

Tā zài Běi-jīng.
ta dsai Bäi-jing
er/sie in Peking
Er/sie ist in Peking.

Wǒ zài Běi-jīng gōng-zuò.
wo dsai Bäi-jing gung-dsuo
ich in Peking arbeiten
Ich arbeite in Peking.

Tā yòng kuài-zi chī-fàn.
ta yung kuai-dsi tschi-fan
er mit Stäbchen essen-Essen
Er isst mit Stäbchen.

Qǐng gěi tā mǎi piào.
tjing gäi ta mai piau
bitten für er/sie kaufen Karte
Kauf ihm/ihr bitte eine Karte.

Wǒmen xiǎng yòng zhōng-wén shūo-huà.
women chiang yung dshung-wén schuo-chua
wir möchten mit chinesisch-Sprache sprechen
Wir wollen uns auf Chinesisch unterhalten.

sān-shí-jiǔ 39

In, am, auf & Co.

Ortsangaben

lǐ(-bian)	li(-biän)	innen
wài(-bian)	wai(-biän)	außen
zhōng(-jiān)	dshung(-dshiän)	zwischen
shàng(-bian)	schang(-biän)	oben, auf
xià(-bian)	chia(-biän)	unten
qián(-bian)	tjiän(-biän)	vorn
hòu(-bian)	~~ch~~ou(-biän)	hinten
zuǒ(-bian)	dsuo(-biän)	links
yòu(-bian)	you(-biän)	rechts

shàng und xià sind auch Verben und bedeuten dann „hinaufsteigen" bzw. „herabsteigen".

-bian kann durch -mian ohne Bedeutungsunterschied ausgetauscht werden. Beide Silben bedeuten alleine stehend „Seite"; biān wird dann jedoch im ersten Ton gesprochen.

Umstandswörter des Ortes werden dem Hauptwort nachgestellt:

xué-xiào zuǒ-bian
chüä-chiau dsuo-biän
Schule links
links neben der Schule

zhuō-zi shàng
dshuo-dsi schang
Tisch auf
auf dem Tisch

Oder sie werden wie Eigenschaftswörter verwendet und stehen mit der angehängten Partikel de vor dem Hauptwort, auf das sie sich beziehen:

hòu-bian-de shāng-diàn
~~ch~~ou-biän-dé schang-diän
hinten-P Geschäft
das hintere Geschäft

Im Satz stehen Ortsangaben generell vor der Satzaussage (Prädikat). Steht kein anderes Verb, nimmt man shì (sein) oder yǒu (haben):

In, am, auf & Co.

Jiē shàng yǒu hěn duō rén.
djiä schang you chén duo schen
Straße auf haben sehr viel Mensch
Auf der Straße sind viele Leute.

Wǒ zài lǐ-bian / wài-mian děng nǐ.
wo dsai li-biän / wai-miän déng ni
ich in drinnen / draußen warten du
Ich warte drinnen / draußen auf dich.

Hòu-bian yǒu / shì shū.
chou-biän you / schi schu
hinten haben / sein Buch
Hinten sind Bücher.

Qián-mian shì wǒ dì-di.
tjiän-miän schi wo di-di
vorn ist mein Bruder
Das da vorne ist mein Bruder.

Zhuō-zi shàng yǒu shū.
dschuo-dsi schang you schu
Tisch auf haben Buch
Auf dem Tisch sind Bücher.

Der Unterschied zwischen yǒu und shì liegt in der Betonung. yǒu bedeutet „haben" im Sinne von „es gibt" und shì bedeutet wirklich „sein".

sì-shí-yī | **41**

In, am, auf & Co.

Richtungsangaben

Folgende Verben der Bewegung werden häufig wie Verhältniswörter, die eine Richtung bezeichnen, verwendet:

		als Vollverb	Verhältniswort
dào	dau	ankommen	nach, zu, in
wǎng	wang	gehen	in Richtung auf
shàng	schang	hinaufsteigen	nach
cóng	tsung	folgen	von

Tā qù Shàng-hǎi.
ta tjü sch<u>a</u>ng-<s>cha</s>i
er/sie gehen Shanghai
Er/sie fährt nach Shanghai.

Wǒ shàng cè-suǒ.
w<u>o</u> schang tsę̊-ßuo
ich hinaufsteigen Toilette
Ich gehe auf Toilette.

Wǒmen dào-le Běi-jīng.
w<u>o</u>mėn d<u>au</u>-lė Bäi-jing
wir ankommen(-Verg.) Peking
Wir sind in Peking angekommen.

hin & her

qù (hingehen) und lái (herkommen) geben zusammen mit einem anderen Verb der Bewegung eine bestimmte Richtung an: qù (vom Sprecher weg) und lái (auf den Sprecher zu).

In, am, auf & Co.

dài lái	**dài qù**
mitbringen	mitnehmen
chū lái	**chū qù**
herauskommen	hinausgehen

*Je nachdem,
ob man* lái *oder* qù
*verwendet, variiert
der Standpunkt des
Sprechers.*

Wǒmén dào Shàng-hǎi qù.
wǒmén dau schang-chai tjü
wir ankommen Shanghai hingehen
Wir fahren nach Shanghai (hin).

Nǐ shàng lai ba!
nǐ schang lai ba
du aufsteigen her BP
Komm herauf!

Nǐ bú yào xià qù!
nǐ bu yau chia tjü
du nicht wollen hinabsteigen hin
Geh nicht hinunter!

Tā cóng Dégúo lái.
ta tsung Dégúo lai
er/sie von Deutschland herkommen
Er/sie kommt aus Deutschland.

hierher & dorthin

Man verwendet: zhè-li (hier) und nà-li (dort).

Nǐ lái zhè-li!	**Nǐ dào nà-li qù!**
ni lai dshé-li	ni dau na-li tjü
du herkommen hier	*du ankommen dort hingehen*
Komm hierher!	Geh dorthin!

sì-shí-sān | **43**

Auffordern, bitten & verbieten

Auffordern, bitten & verbieten

Aussagesätze werden durch besondere Betonung zur Aufforderung. Ergänzend kann am Satzende die Partikel ba stehen:

Für die Partikel ba steht in der Wort-für-Wort-Übersetzung immer „BP" für „Betonungspartikel".

Nǐ lái!
ni l<u>a</u>i
du kommen
Komm!

Lái (ba)!
l<u>a</u>i (ba)
kommen (BP)
Komm(t) (doch bitte).

Lái, lái, lái!
l<u>a</u>i, l<u>a</u>i, l<u>a</u>i
kommen, kommen, kommen
Komm(t), komm(t)!

bitten

Für Bitten stellt man häufig das höfliche qǐng (bitten) dem Verb voran oder verdoppelt das Verb.

Qǐng zuò!
tj<u>i</u>ng dsu<u>o</u>
bitten sitzen
Bitte nimm / nehmen Sie Platz.

Zuò zuo!
dsu<u>o</u> dsu<u>o</u>
sitzen sitzen
Setzen Sie sich bitte!

Xiūxi xiūxi!
chi<u>u</u>chi chi<u>u</u>chi
ausruhen ausruhen
Ruhen Sie sich aus!

Man kann hǎo-bu-hǎo (gut-nicht-gut) als rhetorische Frage nachstellen.

Wǒmen mǎi dōng-xi qù hǎo-bu-hǎo?
w<u>o</u>men mai d<u>u</u>ng-chi tj<u>ü</u> ~~ch~~<u>a</u>u-bu-~~ch~~<u>a</u>u
wir kaufen Sache gehen gut-nicht-gut
Gehen wir einkaufen, ja?

44 | sì-shí-sì

Fragen

Zǒu kuài yì-diǎn!
dsou kuai yi-diän
gehen schnell ein-bisschen
Geh bitte etwas schneller!

Man kann yì-diǎn (ein bisschen) anhängen, um die Bitte sanfter zu gestalten.

höfliches Verbot

Ein Verbot wird durch Voranstellen von bié vor dem Verb formuliert:

Bié kū!
biä ku
nicht weinen
Weine nicht!

Bié shuō le!
biä schuo lë
nicht sprechen P
Sprich bitte nicht weiter!

Fragen

Bei Fragen, auf die man nur mit „ja" oder „nein" antworten kann, ist die Satzstellung wie im Aussagesatz, hat aber am Satzende die Fragepartikel ma.

Nǐ xǐ-huan chī zhōng-cān.
ni chi-chuan tschi dshung-tsan
du mögen essen chinesisch-Essen
Du magst die chines. Küche.

Die Fragepartikel ma wird in der Wort-für-Wort-Übersetzung mit „FP" gekennzeichnet.

Nǐ xǐ-huan chī zhōng-cān ma?
ni chi-chuan tschi dshung-tsan ma
du mögen essen chinesisch-Essen FP
Magst du die chinesische Küche?

sì-shí-wǔ | **45**

Fragen

Anstatt ma kann dem Verb bù (nicht) und das Verb selbst noch einmal nachgestellt werden:

Nǐ hē pí-jiǔ.
ni ehē pí-djiu
du trinken Bier
Du trinkst Bier.

Nǐ hē bù hē pí-jiǔ?
ni ehē bu ehē pí-djiu
du trinken nicht trinken Bier
Trinkst du Bier?

wer, wie, was?

Bei Fragen mit Fragewörtern entfällt die Fragepartikel ma!

schäi / schui	**shéi / shuí**	wer
näi / na	**něi / nǎ**	welche(r, -s)
schénmé	**shénme**	was, welches
schénmé schi-chou	**shénme shí-hou**	wann
nar / (dsai) na-li	**nǎr* / (zài) nǎ-li**	wo
tjü na-li	**qù nǎ-li**	wohin
tsung na-li	**cóng nǎ-li**	woher
duoschau	**duōshao**	wie viel(e)
dji	**jǐ**	wie viel(e) (Zahlen bis 10)
duodshiu	**duōjiǔ**	wie lange
dsénmé(-yang)	**zěnme(-yàng)**	wie, wieso
wäi-schénmé	**wèi-shénme**	warum

*Beachte: nǎr (wo) ist die Standardsprache in Beijing und Nordchina.

Tā shì shuí?
ta schi schui
er/sie ist wer
Wer ist er/sie?

Shuí lái-le?
schui lai-lè
wer kommen(-Verg.)
Wer ist gekommen?

Fragen

Zhè shì shénme?
dshë schï schënmë
dies ist was
Was ist das?

Nǎ yì tiáo jiē?
na yi tiau djiä
welche ein Stück Straße
Welche Straße?

Shāng-diàn jǐ diǎn kāi-mén?
schang-diän dji diän kai-mén
Geschäft wieviel Punkt öffnen-Tür
Wann öffnet das Geschäft?

Tā shénme shí-hou lái?
ta schënmë schï-hou lai
er/sie was Zeit herkommen
Wann kommt er/sie?

Nǐ tíng duōjiǔ?
ni ting duodjiu
du bleiben wie-lange
Wie lange bleibst du/bleiben Sie?

Beachte: zěnme-yàng und zěnme (wie) haben zwar die gleiche Bedeutung, aber zěnme steht immer mit der Partikel le:

Tā zěnme-yàng?
ta dsënmë-yang
er/sie wie
Wie geht es ihm/ihr?

Tā zěnme-le?
ta dsënmë-lë
er/sie wie-P
Was ist mit ihm/ihr los?

Tā zhù zài nǎ-li?
ta dshu dsai na-li
er/sie wohnen in wo
Wo wohnt er/sie?

Nǐ dào nǎ-li qù?
ni dau na-li tjü
du ankommen wo hin
Wohin gehst du?

Fragen

Nǐ cóng nǎ-li lái?
ni tsung na-li lai
du von wo herkommen
Woher kommst du?

Das Fragewort jǐ (wie viel) fragt nach Zahlen von 1 bis 10 und verlangt ein „Kategoriewort" (z. B. ge) zum Zählen des Hauptwortes.

Tā yǒu jǐge hái-zi?
ta you dji gé ~~chai~~-dsi
er/sie haben wie-viel Stück Kind
Wie viele Kinder hat er/sie?

Tā yǒu liǎng ge hái-zi.
ta you liang gé ~~chai~~-dsi
er/sie haben zwei Stück Kind
Er/sie hat zwei Kinder.

Lái-le jǐ ge rén?
lai-lė dji gé shén
kommen(-Verg.) wie-viel Stück Mensch
Wie viele Leute sind gekommen?

jǐ = *wie viel*
(es werden weniger als 10 erwartet!)

Lái-le duōshao rén?
lai-lė duoschau shén
herkommen(-Verg.) wieviel Mensch
Wie viele Leute sind gekommen?

duōshao = *wie viel*
(die Anzahl ist egal!)

Duōshao qián?
duoschau tjiän
wie-viel Geld
Wie viel kostet das?

Ja, nein & nicht

Fragen mit Wahlmöglichkeit

Diese Art von Fragen werden mit dem Bindewort hái-shì (oder) gebildet:

Nǐmen chī zhōng-cān hái-shì chī xī-cān?
nimén tschī dshung-tsan ~~ehaischi~~ tschī chi-tsan
ihr essen chinesisch-Essen oder essen West-Essen
Esst ihr chinesisches oder westliches Essen?

Ja, nein & nicht

Verben (in der Gegenwart/Zukunft) sowie Eigenschaftswörter werden mit vorangestelltem bù (nicht) verneint.

Tā bú qù.	**Zhè-ge bù hǎo.**
ta bu tjü	dshé-gé bu ~~eh~~au
er/sie nicht (hin)gehen	*dies-Stück nicht gut*
Er/sie geht nicht.	Das ist nicht gut.

Míng-tiān wǒ bù lái, hòu-tiān lái.
mìng-tiän wo bu lai, ~~eh~~ou-tiän lai
morgen ich nicht kommen, übermorgen kommen
Morgen komme ich nicht, aber übermorgen.

Wichtige Ausnahme: yǒu (haben) wird immer mit méi (nicht) verneint! Und alle Verben werden mit méi verneint, wenn die Vergangenheit gemeint ist!

sì-shí-jiǔ | **49**

Ja, nein & nicht

Tā méi yǒu péng-yǒu.
ta mǟi yǫu pĕng-you
er/sie nicht haben Freund
Er/sie hat/hatte keine Freunde.

Tā méi yǒu qián.
ta mǟi yǫu tjiän
er/sie nicht haben Geld
Er/sie hat/hatte kein Geld.

Wǒ méi xué zhōng-wén.
wo mǟi chüǟ dshung-wĕn
ich nicht studieren chinesisch-Sprache
Ich habe kein Chinesisch studiert.

Steht **le** am Satzende eines verneinten Aussagesatzes, erhält man die Bedeutung „nicht mehr":

Wǒ bù chī-fàn-le.	**Méi yǒu le.**
wo bu tschi-fan-lĕ	mǟi you lĕ
ich nicht essen-Essen-P	*nicht haben P*
Ich esse nicht mehr.	Gibt es nicht mehr.

ja & nein

Im Chinesischen gibt es keine deutlichen Wörter für „ja" und „nein". Will man mit „ja" antworten, wird das Verb aus der jeweiligen Frage wiederholt. Will man mit „nein" antworten, wird das Verb der Frage mit **bù** (nicht) verneint. Ausnahme ist wieder **yǒu** (haben), das mit **méi** verneint wird:

Ja, nein & nicht

Nǐ dǎ diàn-huà ma?
ni dạ diän-chua ma
du rufen Telefon FP
Rufst du an?

Dǎ!   **Bù dǎ!**
da   bu da
rufen   *nicht rufen*
Ja!   Nein!

Nǐ shì déguó-rén ma?
ni schị dẹguo-shẹn ma
du sein Deutschland-Mensch FP
Sind Sie Deutsche(r)?

Shì.   **Bú shì.**
schị   bu schị
sein   *nicht sein*
Ja.   Nein.

Zhè-li yǒu méi yǒu pí-jiǔ?
dshẹ-li you mäi you pi-djiu
hier haben nicht haben Bier
Gibt es hier Bier?

Yǒu.   **Méi yǒu.**
you   mäi you
haben   *nicht haben*
Ja.   Nein.

Die chinesischen Entsprechungen für „ja"
und „nein" sind shì-de (ja) und bù (nein). Sie
gelten aber als viel zu energisch betont und
sollten nur wenn nötig gebraucht werden.

Nǐ yào bāng-zhù tā ma?
ni yau bạng-dshu ta ma
du wollen helfen er/sie FP
Willst du ihm/ihr helfen?

Shì-de!	**Yào.**	**Bù!**	**Bù yào.**
schịdẹ	yau	bu	bu yạu
sein-P	*wollen*	*nicht*	*nicht wollen*
Ja sicher!!!	Ja.	Nein!!!	Nein.
(betont)	(neutral)	(betont)	(neutral)

Beachte: Die Antwort auf Negativfragen ist
umgekehrt wie im Deutschen:

wǔ-shí-yī **51**

Wollen, sollen, müssen …

Wǎn-shang nǐ bù chī-fàn ma?
wan-schang ni bu tschi-fan ma
Abend du nicht essen-Essen FP
Isst du abends nicht?

Shì-de, bù chī-fàn. **Bù, chī-fàn.**
schi-dé, bu tschi-fan   bu, tschi-fan
sein-P, nicht essen-Essen *nein, essen-Essen*
Nein, ich esse nicht.   Ja, ich esse.

Wollen, sollen, müssen …

Wollen, sollen, müssen etc. stehen wie im Deutschen vor dem Vollverb.

> **néng** nèng ⇨ können, erlaubt sein (natürliche Fähigkeit)
> **huì** chui ⇨ können, etwas zu tun verstehen (erworbene Fähigkeit oder im Sinn einer Möglichkeit; kann auch Vollverb sein)
> **kě-yǐ** kê-yi ⇨ können, dürfen, erlaubt sein
> **xiǎng** chiang ⇨ denken, wünschen, mögen (höflich)
> **yào** yau ⇨ müssen, sollen (als Empfehlung); mögen, wollen (als Vollverb: verlangen)
> **yīng-gāi** ying-gai ⇨ sollen (verpflichtet sein)
> **děi** däi ⇨ müssen
> **bì-xū** bi-chü ⇨ müssen (aber formeller als děi)
> **bú-bì** bu-bi ⇨ nicht müssen (Verneinung von děi und bìxū)
> **bú yòng** bu yung ⇨ nicht brauchen

52 | wǔ-shí-èr

Wollen, sollen, müssen ...

Nǐ néng bāng wǒ ma?
ni néng bang wo ma
du können helfen ich FP
Kannst du mir helfen?

Wǒ huì shūo yīng-yǔ.
wo chui schuo ying-yü
ich können sprechen Englisch
Ich kann Englisch sprechen.

Tā néng chī.
ta néng tschi
er/sie kann essen
Er/sie ist ein Vielfraß.

Tā huì chī.
ta chui tschi
er/sie kann essen
Er/sie ist ein/e Feinschmecker(in).

huì im Sinn einer Wahrscheinlichkeit oder Möglichkeit:

Nǐ kě-yǐ huí qù.
ni kě-yi chui tjü
du dürfen können hinfahren
Du darfst zurück-/wegfahren.
(im Sinne von: ich erlaube es dir)

Wǒ děi zǒu.
wo däi dsou
ich müssen gehen
Ich muss jetzt leider gehen.

wǔ-shí-sān | 53

Wollen, sollen, müsen ...

Fragen

Nǐ néng bù néng lái?
ni néng bu néng lai
du können nicht können herkommen
Kannst du kommen?

Nǐ shénme shí-hou néng lái?
ni schénmé schi-ehou néng lai
du was Zeit können herkommen
Wann kannst du kommen?

Verneinung

Modalverben werden wie andere Verben in der Regel mit bù (nicht) verneint. Mit méi (nicht) kann verneint werden, wenn die Handlung bereits abgeschlossenen ist.

Nǐ bú yào lái!
ni bu yau lai
du nicht sollen kommen
Komm nicht!

Tā bú yīng-gāi lái.
ta bu ying-gai lai
er nicht sollen kommen
Er soll nicht kommen.

Bú yào kū.
bu yau ku
nicht müssen weinen
Wein nicht!

Beachte:
bù kě-yǐ *drückt ein starkes Verbot aus.*

Zhè-li bù kě-yǐ chōu-yan!
dschè-li bu kě-yi tschou-yän
hier nicht dürfen rauchen
Rauchen verboten!

Eins, zwei, drei ...

Zahlen kann man in chinesischer Schrift schreiben oder, wie heute im Alltag und im Geschäftsleben üblich, mit arabischen Ziffern.

0	零	**líng**	ling	5	五	**wǔ**	wu
1	一	**yī**	yi	6	六	**liù**	liu
2	二	**èr**	èr	7	七	**qī**	tji
	两	**liǎng**	liang	8	八	**bā**	ba
3	三	**sān**	ßan	9	九	**jiǔ**	djiu
4	四	**sì**	ßɨ	10	十	**shí**	schɨ

Beachte: liǎng *(zwei) steht nur als allein stehende Zahl oder vor Kategoriewörtern,* èr *(zwei) steht in zusammengesetzten Zahlen.* yī *(eins) kann mehrere Töne haben, in einer Aufzählung jedoch den ersten Ton.*

Die Zahlen von 11-19 werden mit shí plus Grundzahl gebildet:

11	十一	**shí-yī**	schɨ-yi	*zehn-eins*
12	十二	**shí-èr**	schɨ-èr	*zehn-zwei*
13	十三	**shí-sān**	schɨ-ßan	*zehn-drei*

Bei den Zehnerzahlen steht die Grundzahl nun vor shí.

20	二十	**èr-shí**	èr-schɨ	*zwei-zehn*
30	三十	**sān-shí**	ßan-schɨ	*drei-zehn*
40	四十	**sì-shí**	ßɨ-schɨ	*vier-zehn*

Für die zusammengesetzten Zahlen von 21–29, 31–39 etc. wird der Einer angehängt:

21	二十一	**èr-shí-yī**	èr-schɨ-yi	*zwei-zehn-eins*
22	二十二	**èr-shí-èr**	èr-schɨ-èr	*zwei-zehn-zwei*

wǔ-shí-wǔ **55**

Eins, zwei, drei ...

一百	100	**yì-bǎi**	yi-bai
一千	1000	**yì-qiān**	yi-tjiän
一万	10.000	**yí-wàn**	yi-wan
一百万	1.000.000	**yì-bǎi-wàn**	yi-bai-wan
一亿	100.000.000	**yí-yì**	yi-yi

Man bildet die Zahlen nach dem Schema: Tausender, Hunderter, Zehner, Einer.

èr-bǎi	**sān-qiān**	**sì-wàn**
èr-bai	ßan-tjiän	ßi-wan
zwei-hundert	*drei-tausend*	*vier-zehntausend*
200	3000	40.000

一百零一

yì-bǎi líng-yī

yi-bai ling-yi

eins-hundert null-eins

101

一千九百九十四

yì-qiān jiǔ-bǎi jiǔ-shí-sì

yi-tjiän djiu-bai djiu-schi-ßi

eins-tausend neun-hundert neun-zehn-vier

1994

Ordnungszahlen

Zur Bildung einer Ordnungszahl stellt man der jeweiligen Grundzahl die Partikel **dì** voran. Die Ordnungszahlen stehen unmittelbar vor dem Bezugswort.

1. **dì-yī**	di-yi	*P-eins*	erste(-r, -s)
2. **dì-èr**	di-èr	*P-zwei*	zweite(r, -s)
3. **dì-sān**	di-ßan	*P-drei*	dritte(r, -s)

Eins, zwei, drei ...

dì-sān yuè	**dì-yi shēng**
di-ßan yüä	di-yi schéng
P-drei Monat	*P-eins Ton*
dritter Monat = März	erster Ton

Wenn die Partikel dì entfällt, sieht man anhand des fehlenden Kategoriewortes, dass es sich um eine Ordnungszahl handelt. Steht hingegen ein Kategoriewort, z. B. ge (Stück), wird das Hauptwort gezählt:

liù yuè	**liù ge yuè**
liu yüä	liu gé yüä
sechs Monat	*sechs Stück Monat*
sechster Monat = Juni	sechs Monate

tā sì xiǎo-zi	**sì ge hái-zi**
ta ßì chiau-dsì	ßì gé chai-dsì
sein/ihr vier Sohn	*vier Stück Kind*
sein/ihr vierter Sohn	vier Kinder

einmal, zweimal ...

werden gebildet mit Grundzahl + cì (mal):

Statt cì kann man auch biàn, xià, tàng und huí verwenden.

yí-cì	yi-tsì	*eins-mal*	einmal
liǎng-cì	liang-tsì	*zwei-mal*	zweimal
sān-cì	ßan-tsì	*drei-mal*	dreimal

Tā dǎ-le yí-cì dian-huà.
ta da-lè yi-tsì diän-chua
er/sie rufen(-Verg.) eins-mal Telefon
Er/sie hat einmal telefoniert.

Eins, zwei, drei

Tā qù-guo yí-cì.
ta tjü-guo yi-tsɨ
er/sie gehen(-Verg.) eins-mal
Er/sie war einmal dort.

biān betont, dass man etwas „intensiv von Anfang bis Ende tut". xià betont, dass man es nur kurz getan hat:

Qǐng nín zài shuō yí-biǎn.
tjing nin dsai schuo yi-biän
bitten Sie wieder sprechen eins-mal(intensiv)
Bitte sagen Sie es noch einmal.

Das Komma bei Dezimalstellen wird als diǎn *gelesen, z. B.:*
5,60%
= wǔ-diǎn-liù-líng „fünf-Punkt-sechs-null".

Xiūxi yí-xià!
chjuchi yi-chia
ausruhen eins-mal(kurz)
Ruh dich mal aus!

Bruchzahlen & Prozente

Zwischen Nenner und Zähler fügt man fēnzhī (-tel) ein. Die „Hälfte" ist eine Sonderform.

1/2	**yí-bàn**	yi-ban	*eins-halb*
1/4	**sì-fēnzhī-yī**	ßi-féndshɨyi	*vier-tel-eins*
1/3	**sān-fēnzhī-yī**	ßan-féndshɨyi	*drei-tel-eins*
1/5	**wǔ-fēnzhī-yī**	wu-féndshɨyi	*fünf-tel-eins*

Für Prozente verwendet man bǎi-fēnzhī:

bǎi-fēn-zhī-yī	bai-fén-dshɨ-yi	1 %
bǎi-fēn-zhī-bǎi	bai-fén-dshɨ-bai	100 %

58 | wǔ-shí-bā

Ein Stück, zwei Pfund

Nur wenige chinesische Hauptwörter lassen sich direkt mit einer Zahl verbinden. Fast immer muss zwischen Zahl und Hauptwort ein Kategoriewort wie „Stück" oder „Blatt" geschoben werden. Universell einsetzbar ist das tonlose ge (Stück)!

sān tiān	ßan tiän	drei Tage	*drei Tag*
sān ge hái-zi	ßan gé chai-dsi	drei Kinder	*drei Stück Kind*
wǔ ge rén	wu gé sh<u>e</u>n	fünf Menschen	*fünf Stück Mensch*
sān ge yuè	ßan gé yü<u>ä</u>	drei Monate	*drei Stück Monat*

Darüber hinaus gibt es weitere gebräuchliche Kategoriewörter:

bǎ ba ⇨	Dinge mit Griff, z. B. Messer
bān ban ⇨	Busse, Züge
bēi bäi ⇨	Tassen, z. B. Tee, Kaffee
běn bén ⇨	Band, zum Zählen von Büchern
fēng féng ⇨	Briefe
jiàn djiän ⇨	Kleidung
jīn djin ⇨	„Pfund", für alles Gewogene
kē kē ⇨	runde Dinge
kuài kuai ⇨	Stück von etwas, z. B. Kuchen
liàng liang ⇨	Wagen, z. B. Bus, Zug, Auto
shuāng schuang ⇨	Paare, z. B. Stäbchen
tàng tang ⇨	Bus, Zug
tiáo ti<u>au</u> ⇨	flache Gegenstände wie Stoff
zhāng dshang ⇨	flächige Dinge wie Papier
zhǒng dshung ⇨	Sorte, Typ wie Gerichte

wǔ-shí-jiǔ

Ein Stück, zwei Pfund

yì jīn ròu　　　　**yì bǎ dāo-zi**
yi djin shou　　　　yi ba dau-dsɨ
ein Pfund Fleisch　*ein Stück Messer*
ein Pfund Fleisch　　ein Messer

Ein Kategoriewort ist immer dann nötig, wenn folgende Wörter vorangehen:

zhè	dshė	diese(r, -s)
nà	na	jene(r, -s)
nǎ	na	welche(r, -s)?
jǐ	dji	wie viele? (nur für Zahlen bis 10)

zhè-ge yuè　　　　**nà-ge hái-zi**
dshė-gė yüä　　　　　na-gé chai-dsɨ
dies-Stück Monat　　*jenes-Stück Kind*
dieser Monat　　　　　jenes Kind

Nǎ-ge lǚ-guǎn?　　**Zhè shì yī ge fáng-zi.**
na-gé lü-guan　　　　dshė schɨ yi gė fang-dsɨ
welches-Stück Hotel　*dies ist ein Stück Haus*
Welches Hotel?　　　　Das ist ein Haus.

zhè-ge / nà-ge fáng-zi
dsh -g / na-g fang-dsi
dies-Stück / jenes-Stück Haus
dieses / jenes Haus

Nǐ jiā yǒu jǐ kǒu rén?
ni djia you dji kou shėn
deine Familie haben wie-viel Mund Mensch
Wie viele Personen seid ihr in der Familie?

Zeit & Datum

Zeit & Datum

Zunächst eine einfache Ansammlung allge-
meiner Zeitbegriffe:

miǎo(-zhōng)	mi<u>au</u>(-dshung)	Sekunde	秒（钟）
fēn(-zhōng)	fên(-dshung)	Minute	分（钟）
xiǎo-shí	chi<u>au</u>-sch<s>i</s>	Stunde	小时
tiān	ti<u>ä</u>n	Tag	天
xīngqī	chingtji	Woche	星期
yuè	y<u>üä</u>	Monat	月
nián	ni<u>ä</u>n	Jahr	年
jīn-tiān	djin-ti<u>ä</u>n	heute	今天
míng-tiān	ming-ti<u>ä</u>n	morgen	明天
hòu-tiān	<s>eh</s>ou-ti<u>ä</u>n	übermorgen	后天
zuó-tiān	ds<u>uo</u>-ti<u>ä</u>n	gestern	昨天
qián-tiān	tji<u>ä</u>n-ti<u>ä</u>n	vorgestern	前天

zhè/xià/shàng ge xīngqī
dsh<u>ä</u>/chi<u>à</u>/schang gê chingtji
dies/hinab/hinauf Stück Woche
diese/nächste/vergangene Woche

Verdoppelt man das xià oder shàng bedeutet xià-
xià „übernächste" und shàng-shàng „vorletzte".
Dieses Schema hält man auch für yuè (Monat)
ein, nicht aber für nián (Jahr):

jīn-nián	djin-ni<u>ä</u>n	dieses Jahr	今年
míng-nián	ming-ni<u>ä</u>n	nächstes Jahr	明年
lái-nián	l<u>ai</u>-ni<u>ä</u>n	nächstes Jahr	来年
qù-nián	tjü-ni<u>ä</u>n	voriges Jahr	去年

liù-shí-yī **61**

Zeit & Datum

wǔ tiān qián/nèi/hoù
wu-tiän tjiän/näi/chou
fünf Tag vor/innen/nach
vor/innerhalb/nach fünf Tagen

马上	**mǎ-shàng**	ma-schang	sofort
很快	**hěnkuài**	chenkuai	bald
以后	**yǐ-hòu**	yi-chou	später
从前	**cóng-qián**	tsung-tjiän	einst, ehemals
目前	**mù-qián**	mu-tjiän	gegenwärtig
同时	**tóng-shí**	tung-schi	gleichzeitig
早上	**zǎo-shang**	dsau-schang	morgens
上午	**shàng-wǔ**	schang-wu	vormittags
中午	**zhōng-wǔ**	dshung-wu	mittags
下午	**xià-wǔ**	chia-wu	nachmittags
晚上	**wǎn-shang**	wan-schang	abends
夜里	**yè-li**	yä-li	nachts
半夜	**bàn-yè**	ban-yè	Mitternacht
在白天	**zài-bái-tiān**	dsai-bai-tiän	tagsüber
每天	**měi-tiān**	mäi-tiän	täglich

Zeitpunkt oder -abschnitt stehen vor der Satzaussage, die Zeitdauer ist nachgestellt.

Wǒ míng-tiān zǒu.
wo ming-tiän dsou
ich morgen gehen
Ich gehe morgen.

Tāmen měi-tiān gōng-zuò bā ge xiǎo-shí.
tamen mäi-tiän gung-dsuo ba g chiau-schi
sie täglich arbeiten acht Stück Stunde
Sie arbeiten täglich acht Stunden.

62 | liù-shí-èr

Zeit & Datum

Zhè tàng huǒ-chē měi-tiān kāi wǎng ...

dshè tang ~~chuo~~-tschē mǎi-tiän kai wang ...

dies Mal Zug täglich fahren nach ...

Der Zug fährt täglich nach ...

Wǒ qù-nián lái-guò Zhōng-guó.

wo tjü-nián lai-guo dshūng-guo

ich gehen-Jahr kommen(-Verg.) chinesisch-Land

Ich war letztes Jahr in China.

Tán dào bàn-yè.

tan dau ban-yè

unterhalten bis Mitternacht

Wir haben uns bis Mitternacht unterhalten.

Stehen in einem Satz sowohl eine Zeit- als auch eine Ortsangabe, steht die Zeitangabe vor der Ortsangabe.

Uhrzeit

Für die Uhrzeit stellt man die Zahl vor diǎn (Stunde, wörtl.: „Punkt") und fēn (Minute).

几点钟了?	一点十分
Jǐ diǎn zhōng-le?	**yì diǎn shí fēn**
dji diän dshūng-lè	yi diän schí fēn
wie-viel Punkt Uhr-P	*eins Punkt zehn Minute*
Wie spät ist es?	1:10 Uhr

Beachte: Bei Minutenangaben bis zehn setzt man líng (Null) vor die Minutenangabe hinzu:

jiǔ diǎn líng wǔ fēn

djiu diän ling wu fēn

neun Punkt Null fünf Minute

9:05 Uhr

liù-shí-sān **63**

Zeit & Datum

bā diǎn
ba diän
acht Punkt
8:00 Uhr

sān diǎn bàn
ßan diän ban
drei Punkt halb
3:30 Uhr

sì diǎn yí kè
ßi diän yi kė
vier Punkt ein Viertel
4:15 Uhr

sì diǎn sān kè
ßi diän ßan kė
vier Punkt drei Viertel
4:45 Uhr

(zāo-shang) qī diǎn
(dsau-schang) tji diän
(morgens) sieben Punkt
7:00 Uhr (morgens)

(wǎn-shang) qī diǎn
(wan schang) tji diän
(abends) sieben Punkt
7:00 Uhr (abends)

cóng yì diǎn dào sān diǎn
tsung yi diän dau ßan diän
von eins Punkt bis drei Punkt
von 1 Uhr bis 3 Uhr

Wochentage

Die Wochentage bildet man mit xīngqī (Woche)
plus der Wochentagzahl: Montag: xīngqī-yī,
wörtlich: Woche-eins.

星期一	**xīngqī-yī**	chingtji-yi	Montag
星期二	**xīngqī-èr**	chingtji-èr	Dienstag
星期三	**xīngqī-sān**	chingtji-ßan	Mittwoch
星期四	**xīngqī-sì**	chingtji-ßi	Donnerstag
星期五	**xīngqī-wǔ**	chingtji-wu	Freitag
星期六	**xīngqī-liù**	chingtji-liu	Samstag

Zeit & Datum

Nur für Sonntag hat man andere Varianten:

xīngqī-tiān	chingtji-tiän	*Woche-Tag*	星期天
xīngqī-rì	chingtji-shi	*Woche-Sonne*	星期日

Monatsnamen

Für die Monatsnamen stellt man die Monats-zahl vor yuè (Monat), z. B. Januar: yī-yuè *eins-Monat*. Für Januar gibt es eine weitere Varian-te: yuán-yuè yüän-yüä, wörtlich: *Anfang-Monat*.

yī-yuè	yi-yüä	Januar	一月
èr-yuè	èr-yüä	Februar	二月
sān-yuè	ßan-yüä	März ...	三月

Aufgepasst: Die Zählweise mit dem Katego-riewort ge (Stück) bezeichnet eine Zeitspanne:

yī ge yuè	yi gé yüä	ein Monat	一个月
liǎng ge yuè	liang gé yüä	zwei Monate	两个月
sān ge yuè	ßan gé yüä	drei Monate ...	三个月

Datum

Es gilt die Reihenfolge Jahr, Monat und Tag: Beim Jahr nennt man einfach die Ziffern ein-zeln, z. B.: 1999 = eins neun neun neun.

一九六六年八月十一号
yī jiǔ liù liù nián bā yuè shí-yī hào
eins neun sechs sechs Jahr acht Monat zehn-eins Tag
= 11.8.1966

liù-shí-wǔ | **65**

Kurz-Knigge

Vorab sei gesagt: Viel Geduld mitbringen! Und nach Möglichkeit ruhig und gelassen bleiben, was immer auch geschehen mag.

Man sollte sich zur Regel machen, sich offen und ehrlich über alles zu äußern, dabei aber nicht respektlos und indiskret über die Führer von Partei und Regierung zu sprechen. Auch sollten gewisse Terminologien vermieden werden, wie etwas der Ausdruck „Rotchina" für die VR China oder „Republik China" oder „Freies China" für Taiwan (Taiwan gilt als Provinz der VR China!).

Ausländer sollten untereinander offene Zuneigungsbezeugungen (Küssen, Umarmen, Händchenhalten) auf ein Minimum reduzieren.

Streitereien, auch solche mit Chinesen, sollte man nicht in der Öffentlichkeit austragen, sondern lieber abwarten und die Angelegenheit, wenn möglich, später unter vier Augen freundlich klären!

Der Gesichtsverlust ist so ziemlich das Schlimmste, was einem Chinesen zustoßen kann. Weder man selbst, noch der Andere sollen beschämt werden. Dieses bringt mit sich, dass nach außen hin möglichst wenig Gefühle oder Gedanken geäußert werden.

Das bedeutet auch, dass Wünsche oft nur angedeutet werden, und dies auch nur, wenn so gut wie sicher ist, dass sie erfüllt werden

liù-shí-qī | **67**

Kurz-Knigge

Der "Tramperdaumen" bedeutet "ausgezeichnet!".

Um jemanden heranzuwinken, zeigt die Hand mit dem Handrücken nach oben, die Hand wird nach unten bewegt.

Chinesen zeigen mit dem Zeigefinger auf ihre Nasenspitze, wenn sie sich selbst meinen.

können. Ein „Nein" brächte dem Gegenüber Gesichtsverlust. Ebenso sieht man über peinliche Situationen hinweg, oder sie werden mit Lächeln überspielt.

Chinesen haben keine Hemmungen, darüber zu sprechen, dass man (der Ausländer) dick, alt usw. (geworden) ist. Das ist keine Unhöflichkeit! Auch die direkte Frage nach Alter, Familie, Einkommen und dergleichen gehören schon nach kurzer Bekanntschaft zur normalen Konversation.

Im Durchschnitt sind die hygienischen Verhältnisse in den chinesischen Restaurants besser geworden, insbesondere in den großen Städten. Dass abgenagte Knochen in einfachen Restaurants einfach auf den Boden geworfen werden, sieht man kaum noch. Falls man auf solches trifft, höflich darüber hinwegsehen! Beim Essen mit Chinesen wird der Ausländer wohl anfänglich des öfteren unangenehm berührt sein über das laute Schlürfen und Schmatzen am Tisch.

Wird man privat eingeladen, sollte man etwas „Praktisches" mitbringen, besondere Früchte, Schnäpse, etwas für die Kinder, Dinge, die mit den Hobbies der Besuchten zu tun haben (CDs, Kassetten, Bücher über Balkonpflanzen, Computerzubehör).

Trinkgelder sind in den Touristenhotels und Spezialitätenrestaurants üblich geworden. Aber achten Sie darauf, ob ein „Service Charge" nicht bereits im Preis enthalten ist. Vielfach (insbesondere in der Provinz) wird Trinkgeld

Kurz-Knigge

nicht (an)genommen. So mancher flüchtige Bekannte erwartet von dem so „reichen" Ausländer ein Geschenk.

Zahlen zeigen

Chinesen zeigen Zahlen mit der Hand auf besondere Art und Weise. Das Handzeichen orientiert sich oft am Schriftzeichen. Aufgepasst: Will man beispielsweise „zwei Stück" von etwas bestellen, streckt man von der Faust den kleinen Finger und den Ringfinger weg, niemals aber Daumen und Zeigefinger, denn dies besagt, angelehnt an die chinesische Schrift, „acht Stück".

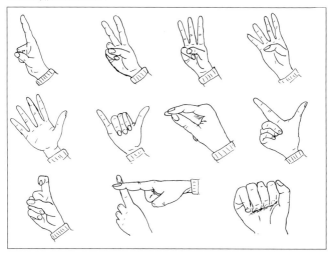

Namen & Anrede

Im Chinesischen steht der Familienname (xìng) immer vor dem Rufnamen (míng). Frauen haben nicht denselben Familiennamen wie ihr Mann, sie behalten nach der Eheschließung ihren Mädchennamen bei.

Die Anrede mit dem Vornamen ist nur für Familienmitglieder und für enge Freunde üblich. In der Regel spricht man sich mit dem Nachnamen an. Für jüngere Leute wird diesem im Allgemeinen das Wort xiǎo (klein) vorangestellt und für ältere (oder respektvoll anzusprechende) Personen das Wort lǎo (alt). Aber auf diese Begrüßungsformen sollten Ausländer verzichten, ausgenommen, sie kennen den so Angeredeten recht gut.

Gebräuchlich sind heute folgende Anreden, die man im Gegensatz zum Deutschen dem Nachnamen nachstellt:

Ausländer werden in der VR China oft mit lǎo-wài *(alter Ausländer) angesprochen. Es hatte ursprünglich eine eher abschätzige Bedeutung, heute ist es lediglich ein umgangssprachlicher Ausdruck. Selten hört man noch das früher als höflich angesehene* lǎo péng-you *(alter Freund).*

xiān-sheng	schiän-schéng	Herr
tài-tai	tai-tai	Frau
fū-ren	fu-schén	für ältere Damen
xiǎo-jie	schiau-dshiä	Fräulein

Kennt man den Namen nicht, findet das höfliche nín (Sie) wieder häufig Verwendung, sowohl unter Chinesen als auch zwischen Chinesen und Ausländern. Ansonsten verwendet man auch den Titel, die Berufs- oder Verwandtschaftsbezeichnung der Person:

Begrüßen & verabschieden

> **xiǎo-jie** schiau-dshiä Fräulein;
> für Kellnerinnen oder Hotelangestellte
> **fú-wù-yuán** fu-u-yüän Bedienung;
> für Bedienstete aller Art (Mann und Frau)
> **shī-fu** schi-fu Meister; für Taxifahrer,
> älteres Hotelpersonal oder den Koch
> **lǎo-ban** lau-ban Chef,
> z. B. von einem Restaurant
> **jīng-lǐ** dshing-li Manager
> **lǎo-shī** lau-schi Lehrer
> **yī-shēng** yi-schéng Arzt
> **bó-fù** bo-fu Onkel; für Männer,
> die älter als die eigenen Eltern sind
> **bó-mǔ** bo-mu Tante; für Frauen,
> die älter als die eigenen Eltern sind
> **shū-shu** schuschu Onkel; für Männer,
> die jünger als die eigenen Eltern sind
> **ā-yí** a-yi Tante; allgemeine Anrede,
> z. B. für Ausländerin, Kindergärtnerin

Die besonders während der Kulturrevolution (1966-1976) übliche Anrede tóng-zhì (Genosse/Genossin) ist nicht mehr allzu gebräuchlich.

Begrüßen & verabschieden

Eine einzelne Person begrüßt man mit nǐ (du) und mehrere mit nǐmen (ihr):

Nǐ/nǐmen zǎo.
ni/nimén dsau
du/ihr früh
Guten Morgen.

Nǐ/nǐmen hǎo.
ni/nimén ~~ch~~au
du/ihr gut
Guten Tag.

„Guten Tag!" wird rund um die Uhr, also auch abends, gesagt.

qī-shí-yī | **71**

Begrüßen & verabschieden

Bei der Begrüßung ist ein kurzes Händeschütteln akzeptabel. Intimere Freundschaften sind erst nach längerer Vertrautheit möglich und nicht nach ein paar Tagen oder Wochen zu erreichen!

Wenn man sich kennt und vielleicht längere Zeit nicht gesehen hat, kann man fragen:

(Nín) hǎo ma? 〽
(nin) ehau ma
(du) gut FP
Wie geht es Ihnen?

Hěn hǎo (xiè-xie). 〽
ehén ehau (chiä-chiä)
sehr gut (danke-danke)
Ausgezeichnet (danke).

Nǐ ne?
ni nê
du P
Und Ihnen?

Ní shēntǐ hǎo ma? 〽
ni schênti ehau ma
du Körper gut FP
Wie geht's?

ne ist hier auch ein so genanntes „Funktionswort", das den Satz in eine Frage verwandelt.

Man kann gefragt werden, ob man schon gegessen hat. Der Ursprung dieser Frage liegt in den Zeiten großer Armut, als man sich nicht immer eine Mahlzeit leisten konnte, ist aber inzwischen reine Höflichkeit.

Nǐ chī-guòle ma? 〽
ni tschi-guolê ma
du essen-bereits(-Verg.) FP
Hast du schon gegessen?

Chī-le.
tschi-lê
essen(-Verg.)
Ja.

Méi ne. 〽
mäi nê
nicht P
Nein, noch nicht.

Die Variante mit nǎr ist nordchinesischer Dialekt.

Qù nǎ-li?
tjü na-li
hingehen wo
Wohin geht's denn?

Qù nǎr?
tjü nar
hingehen wo
Wohin geht's denn?

72 | qī-shí-èr

Begrüßen & verabschieden

Oder umgangssprachlicher:

Gàn-má qu?
gan-ma tjü
was gehen
Wo geht's hin?

Nǐ jīntiān yǒu shì ma?
ni djintjiän you schi ma
du heute haben Sache FP
Hast du heute etwas vor?

Diese Fragen sind nicht neugierig gemeint, sondern eine höfliche Begrüßung, auf die folgende Antworten möglich sind:

Qù mǎi dōng-xi.
tjü mai dung-chi
hingehen kaufen Sache
Ich gehe einkaufen.

Kàn péng-you.
kan peng-you
sehen Freund
Ich besuche Freunde.

Wár qù.
war tjü
Vergnügen gehen
Ich gehe bummeln.

Wǒ shàng jiē ...
wo schang djiä
ich auf Straße
Ich gehe in die Stadt.

sich verabschieden

Wǒ zǒu-le.
wo dsou-lë
ich gehen-P
Ich gehe jetzt.

Zài-jiàn!
dsai-djiän
nochmal-sehen
Auf Wiedersehen!

Míng-tiān jiàn!
ming-tiän djiän
morgen sehen
Bis morgen!

Wǎn-ān!
wan-an
Nacht-Ruhe
Gute Nacht!

Floskeln & Redewendungen

Floskeln & Redewendungen

Bittet man höflich um eine Gefälligkeit, eignet sich má-fan nín, sonst nimmt man qǐng:

Hängt man an má-fan nín die Vergangenheitspartikel le an, verwandelt man die Bitte in eine Dankesform, da sie übertragen nun bedeutet: „Ich habe Ihnen Mühe gemacht" – „ich habe Sie belästigt".

Má-fan nín ...	**Duìbuqi, máfán nín!**
ma-fan nin	duibutji ma-fan nin
lästig Sie	*Entschuldigung lästig Sie*
Bitte ...!	Entschuldigen Sie die Störung!

请! 请问。。。

Qǐng!	**Qǐng wèn ...**
tjing	tjing wèn
bitten	*bitten fragen*
Bitte sehr!	Bitte, darf ich fragen ...

请给我看一看。。。?

Qǐng gěi wǒ kàn yi kàn ...?
tjing gäi wo kan yi kan
bitten geben ich sehen eins sehen ...
Zeigen Sie mir bitte ...

请告诉我。。。 请您给我。。。

Qǐng gào-sù wǒ ...	**Qǐng nín gěi wǒ ...**
tjing gau-ßu wo	tjing nin gäi wo
bitten mitteilen ich	*bitten du geben ich*
Sagen Sie mir bitte ...	Geben Sie mir bitte ...

请您给我拿。。。来?

Qǐng nín gěi wǒ ná ... lái?
tjing nin gäi wo na ... lai
bitten du geben ich nehmen ... her
Bringen Sie mir bitte ...

Floskeln & Redewendungen

请算帐!
Qǐng suàn-zhàng!
tjing ßuan-dsang!
bitten Rechnung-Blatt
Die Rechnung, bitte.

Wenn man im Restaurant etwas bestellen möchte, sagt man einfach wǒ yào ... (ich will ...).

danken

Shí-fēn gǎn-xiè!
schi-fēn gan-chiä
vollkommen dankbar
Danke vielmals!

Xiè-xie!
chiä-chiä
danken-danken
Danke!

Má-fan nín-le!
ma-fan nin-lë
lästig du(-Verg.)
Vielen Dank (für die Mühe)!

Xiè-xie nín-de bāng-zhù!
chiä-chiä nin-dë bang-dshu
danken-danken deine Hilfe
Vielen Dank für Ihre Hilfe!

Bú kè-qi (méi yǒu shénme)!
bu kë-tji (mäi you schënmë)
nicht bescheiden (nicht haben etwas)
Bitte sehr, keine Ursache!

Bú yòng xiè!
bu yung chiä
nicht brauchen danken
Nichts zu danken.

qī-shí-wǔ | 75

Floskeln & Redewendungen

sich entschuldigen

Duì-bù-qǐ!
dui-bu-tji
Entschuldigung
Entschuldigung!

láo-jià *ist eine sehr höfliche Einleitung.*

Láo-jià, wǒ kě-yǐ guò yí-xia ma?
lau-djia wo kě-yi guo yi-chia ma
Verzeihung ich dürfen hindurchgehen ein-mal FP
Verzeihung, darf ich mal bitte vorbei?

bedauern & beschweren

Zhēn kě-xī!
dshēn kě-chi
wirklich schade
Wirklich schade!

Tài kě-xī-le!
tai kě-chi-lě
sehr schade-P
Schade!

Wǒ yào tí yì-jiàn.
wo yau tị yi-djiạn
ich wollen kritisieren eins-sehen
Ich muss mich beschweren.

weitere Floskeln

Die Antwort auf eine Entschuldigung lautet:

Méi guān-xi!
mäi guan-chi
nicht Beziehung
Macht nichts! Keine Ursache!

76 | qī-shí-liù

Das erste Gespräch

Wehrt man hingegen ein Kompliment oder
ein Dankeschön bescheiden ab:

Nǎ-li nǎ-li!   **Bù gǎn-dāng!**
na-li na-li   bu gan-dang
Nicht doch!   Nicht der Rede wert!

Wǒ bù zhī-dào.	wo bu dshi-dau	Ich weiß nicht.
Hěn kě-néng.	chen kě-néng	Wahrscheinlich.
Xíng.	ching	Es geht. Okay.
Bù xíng.	bu ching	Es geht nicht.
Hǎo(-de).	chau(-dě)	Gut. Okay.
Yě-xǔ.	yä-chü	Vielleicht.

Das hǎode *ist stärker
als nur* hǎo.

Das erste Gespräch

Gleichgültig, wo man sich aufhält, fragen
Chinesen, sobald man ins Gespräch kommt,
nach Alter, Name, Beruf, Einkommen, Fami-
lienstand, Zahl der Kinder, nach dem Woher
und dem Wohin. Dasselbe rückzufragen gilt
als höflich und angebracht. Mit Leidenschaft
werden auch Visitenkarten und Adressen ge-
tauscht.

您贵姓?
Nín guì xìng?
nin gui ching
Sie werter(teurer) Familienname
Wie ist Ihr werter Name?

qī-shí-qī | **77**

Das erste Gespräch

我怎么称呼您？

Wǒ zěnme chēng-hu nín?

wo dsénmé tschéng-chu nin

ich wie heißen Sie

Wie soll ich Sie anreden?

Kinder oder Personen, die deutlich jünger sind, als man selber ist (z. B. 20 Jahre jünger), fragt man:

你叫什么名字？

Nǐ jiào shénme (míng-zi)?

ni djiau schénmé (ming-dsi)

du heißen was (Name)

Wie heißt du / heißen Sie?

我姓。。。	我叫。。。
Wǒ xìng ...	**Wǒ jiào ...**
wo chìng	wo djiau
ich Familienname	*mein heißen*
Mein Nachname ist ...	Mein Name ist ...

Bei wǒ jiào *nennt man seinen Vor- und Nachnamen, wobei bei chinesischen Namen erst der Nachname, dann der Vorname genannt wird.*

您从哪里来？

Nín cóng nǎ-li lái?

nin tsung na-li lai

Sie von wo herkommen

Woher kommen Sie?

我从德国来。

Wǒ cóng Déguó lái.

wo tsung Déguo lai

ich von Deutschland herkommen

Ich komme aus Deutschland.

78 qī-shí-bā

Das erste Gespräch

你是哪国人。

🔊 **Nín shì nǎguó-rén?**

nin sch↓ naguo-rén

Sie sein Landsmann

Welche Nationalität haben Sie?

我是德国人。

🔊 **Wǒ shì déguó-rén.**

wo sch↓ dé̱guo-rén

ich sein Deutschland-Mensch

Ich bin Deutsche(r).

瑞士	**Ruìshì**	shu̱ischi̱	Schweiz
奥地利	**Àodìlì**	au̱dili	Österreich
荷兰	**Hélán**	ch̶e̶lan	Niederlande
比利市	**Bílìshì**	bilishi̱	Belgien
卢森堡	**Lúsēnbǎo**	lußènbao	Luxemburg

您多大年龄了？　　　　您高寿了？

🔊 **Nín duō dà nián-líng le?**　　**Nín gāo shòu le?**

nin duo da niän-líng lé　　　　　nin gau schou lé

du wie-viel groß Jahr-Alter P　*Sie groß leben P*

Wie alt sind Sie?　　　　　　　Wie alt sind Sie?

gāo shòu bedeutet „langes Leben" oder „ehrwürdiger Alter". Es ist sehr höflich und wird kaum gebraucht!

Jugendliche und Kinder fragt man auch:

你多大了？　　　　几岁了？

🔊 **Nǐ duō dà le?**　　**Jǐ suì le?**

ni duo da lé　　　　dji ßui̱ lé

du wie-viel groß P　*wie-viel Jahr P*

Wie alt bist du?　　Wie alt bist du? / ist es?

jǐ suì le verwendet man nur, wenn es um Kinder bis zu 10 Jahren geht.

Oder man fragt einfach:

qī-shí-jiǔ | 79

Das erste Gespräch

你/您哪年生的？
Nǐ/nín nǎ nián shēng-de?
ni/nin nǎ niän schéng-dé
du/Sie welches Jahr geboren
In welchem Jahr bist du / sind Sie geboren?

我。。。岁了。
Wǒ ... suì le.
wo ... sui lè
ich ... Jahre P
Ich bin ... Jahre alt.

你是第一次来中国吗？
Nǐ shì dì-yī-cì lái Zhōng-guó ma?
ni schì di-yi-tsi lai dshung-guo ma
du bist P-eins-mal herkommen chines.-Land FP
Sind Sie zum ersten Mal in China?

| 是的。 | **Shì-de.** | schì-dé | *bin-P* | Ja. |
| 不是。 | **Bú shì.** | bu schì | *nicht bin* | Nein. |

这已经是第二次了。
Zhè yǐ-jīng shì dì-èr-cì le.
dshè yi-djing schì di-èr-tsi lè
dies schon ist P-zwei-mal P
Es ist schon das zweite Mal.

你在哪里工作？　　　我在。。。工作。
Nǐ zài nǎ-li gōng-zuò?　Wǒ zài ... gōng-zuò.
ni dsai na-li gung-dsuo　wo dsai ... gung-dsuo
du in wo arbeiten　*ich in ... arbeiten*
Wo arbeiten Sie?　　　Ich arbeite im/bei ...

80　bā-shí

Das erste Gespräch

shāng-diàn	schang-diän	Geschäft	商店
yī-yuàn	yi-yüan	Krankenhaus	医院
yóu-jú	you-djü	Post	邮局
gōng-ān-jú	gung-an-djü	Polizei	公安局
dà-xué	da-chüä	Universität	大学
gōng-sī	gung-ß	Firma	公司

你结婚了吗?　　　　　我结婚了。

🔊 **Nǐ jié-hūn-le ma?**　　**Wǒ jié-hūn-le.**
ni djié-~~ch~~un-lė ma　　wo djié-~~ch~~un-lė
du heiraten(-Verg.) FP　　*ich heiraten(-Verg.)*
Sind Sie verheiratet?　　Ja.

不，我还没结婚。

🔊 **Bù, wǒ hái méi jié-hūn.**
bu, wo ~~ch~~ai mäi djié-~~ch~~un
nein, ich noch nicht heiraten
Nein, noch nicht.

🔊 **Nǐ yǒu hái-zi ma?**
ni you ~~ch~~ai-dsi ma
du haben Kind FP
Haben Sie Kinder?

🔊 **Wǒ yǒu liǎng gè ér-zi he yí gè nǚ-ér.**
wo you liang gė ér-dsi ~~ch~~ė yi gé nü-èr
ich haben zwei Stück Sohn und ein Stück Tochter
Ja, zwei Söhne und eine Tochter.

Die Verwandtschaftsbezeichnungen sind im Chinesischen äußerst kompliziert. Vielleicht reichen erst mal die Folgenden:

bā-shí-yī | **81**

Das erste Gespräch

	xiān-sheng	chiän-schéng	Ehemann (Anrede)
先生	**xiān-sheng**	chiän-schéng	Ehemann (Anrede)
太太	**tài-tai**	tai-tai	Ehefrau (Anrede)
夫人	**fū-rén**	fu-shén	Ehefrau (Anrede)
丈夫	**zhàng-fu**	dshang-fu	Ehemann (von jmd.)
妻子	**qī-zi**	tji-dsɨ	Ehefrau (von jmd.)
父亲	**fù-qīn**	fu-tjin	Vater
母亲	**mǔ-qīn**	mu-tjin	Mutter
女儿	**nǚ-ér**	nü-ér	Tochter
儿子	**ér-zi**	ér-dsɨ	Sohn
祖母	**zǔ-mǔ**	dsu-mu	Oma (väterl.)
外祖母	**wài-zǔ-mǔ**	wai-dsu-mu	Oma (mütterl.)
祖父	**zǔ-fù**	dsu-fu	Opa (väterl.)
外祖父	**wài-zǔ-fù**	wai-dsu-fu	Opa (mütterl.)
弟弟	**dì-di**	di-di	jüngerer Bruder
哥哥	**gē-gē**	gé-gé	älterer Bruder
妹妹	**mèi-mei**	mäi-mäi	jüngeren Schwester
姐姐	**jiě-jie**	jiä-jiä	ältere Schwester

Nǐ zhǔn-bèi zài Zhōng-guó dāi duō-jiǔ?
ni dshun-bäi dsai dshung-guo dai duo-djiu
du vorbereiten in chinesisch-Land bleiben wie-lange
Wie lange bleiben Sie in China?

Wǒ zhǔn-bèi dāi liǎng zhōu.
wo dshun-bäi dai liang dshou
ich vorbereiten bleiben 2 Wochen
Ich bleibe zwei Wochen.

Wǒ yào zài Běi-jīng dāi sān tiān.
wo yau dsai bäi-djing dai ßan tiän
ich wollen in Peking bleiben drei Tag
Ich will drei Tage in Peking bleiben.

82 bā-shí-èr

Zu Gast sein

🔊 **Nǐ xǐ-huan Zhōng-guó ma?**   **Xǐ-huan.**
ni chi-huan dshung-guo ma   chi-chuan
du gefallen chinesisch-Land FP   *gefallen*
Gefällt Ihnen China?   Ja, es gefällt mir.

🔊 **Nǐ zhù zài nǎ-li?**   **Wo zhù zài ...**
ni dshu dsai na-li   wo dshu dsai ...
du wohnen in wo   *ich wohnen in*
Wo wohnen Sie?   Ich wohne im/in ...

🔊 **Wǒmen shénme shí-hou jiàn-miàn?**
women schénme schi-chou djiän-miän
wir was Zeit sehen-Gesicht
Wann treffen wir uns?

Zu Gast sein

Wenn man nach Hause eingeladen wird, gibt es meist auch etwas zu essen. Dabei sollte man sich nicht an den lauten Essgeräuschen stören! Als besonders unhöflich gilt es allerdings, sich bei Tisch zu schnäuzen; dafür geht man hinaus. Man bringt höflicherweise ein kleines Geschenk mit, z. B. Wein, Schnaps, Blumen. Sehr guten Freunden kann man auch eine Stange Zigaretten schenken. Für die Kinder kann man Bonbons, Schokolade oder Spielzeug mitbringen.Man begrüßt sich mit Handschlag. Auf folgenden Willkommensgruß des Gastgebers gibt es keine Antwort:

Generell betrachtet ist Unpünktlichkeit unhöflich. Bei privaten Einladungen wird nicht allzusehr auf Pünktlichkeit geachtet, bei offiziellen Anlässen, Einladungen in Restaurants o. Ä. sollte man lieber überpünktlich sein.

bā-shí-sān | **83**

Zu Gast sein

Huān-yíng huān-yíng!
~~ch~~uan-ying ~~ch~~uan-ying
Willkommen! (sagt der Gastgeber)

Qǐng jìn!   **Qǐng zuò!**
tjing dshin   tjing dsuo
Treten Sie ein! Setzen Sie sich!

Chī ba!   **Nín yào hē/chī shénme?**
tsch~~i~~ ba   nin yau hē/tsch~~i~~ schènmè
Essen Sie!   Was wollen Sie trinken/essen?

Möchte man sich verabschieden (möglichst nicht zu spät), kann man sagen:

Wǒ xiǎng zǒu le.   **Yǐ-jīng hěn wǎn le.**
wo chiang dsou lè   yi-djing ~~ch~~èn wan lè
ich möchten gehen P   *schon sehr spät P*
Ich möchte gehen.   Es ist schon so spät.

Und zum Schluss noch ein höfliches Dankeschön an den Gastgeber:

Xiè-xie nǐ de yāo-qǐng.
chiä-chiä nidè yau-tjing
danken-danken dein einladen
Vielen Dank für deine Einladung.

没关系。   不要客气。
Méi guān-xi.   **Bú yào kè-qi.**
mäi guan-chi   bu yau kè-tji
nicht Beziehung   *nicht müssen höflich*
Keine Ursache.   Keine Ursache.

bā-shí-sì

Unterwegs ...

Unterwegs ...

Erst einmal die Frage nach dem Weg, damit Sie die besonderen Sehenswürdigkeiten Chinas auch zu sehen bekommen:

yí-hé-yuán	yi-~~ehé~~-yüän	Sommerpalast
gù-gōng	gu-gung	Verbotene Stadt
bīng-mǎ-yǒng	bing-ma-yung	Terracotta-Armee
cháng-chéng	tshang-tchéng	Chines. Mauer
tiān-tán	tiän-tan	Himmelstempel
wài-tān	wai-tan	Shanghai Bund
tiān-ān-mén	tiän-an-mén	Tiananmen-Tor
gǔ-lóu	gu-lou	Trommelturm

。。。在哪里? 我想去。。。
... zài nǎ-li?　Wǒ xiǎng qù ....
dsai na-li　　　wo chiang tjü
in wo　　　　　ich möchten hingehen
Wo liegt ... ?　Ich möchte zu / nach ... gehen.

Damit Sie die Richtungsangaben in der Antwort des Chinesen auch verstehen, sollten Sie einen Blick in die hintere Umschlagsklappe werfen!

到/去。。。怎么走?
Dào / qù ... zěnme zǒu?
dau / tjü ... dsénmé dsou
gehen / hingehen ... wie gehen
Wo geht's nach ...?

去。。。走这条路对吗?
◎ Qù ... zǒu zhè tiáo lù duì ma?
tjü ... dsou dshé tiau lu dui ma
hingehen ... gehen dies Stück Straße richtig FP
Bin ich hier richtig nach ...?

bā-shí-wǔ | 85

Unterwegs ...

请你(在地图上)指给我看!
Qing ni (zài dì-tú shang) zhǐ gěi wǒ kàn!
tjing ni (dsai di-tu sch<u>a</u>ng) dsh<u>i</u> gäi wo kan
bitten du (in Karte auf) zeigen geben ich sehen
Zeigen Sie mir das bitte (auf der Karte)!

我迷路了。
Wǒ mí-lù-le!
wo mi-l<u>u</u>-lé
ich verlieren-Straße(-Verg.)
Ich habe mich verlaufen!

去。。。往哪个方向走?
Qù ... wǎng nǎ-ge fāng-xiàng zǒu?
tjü ... wang na-gé fang-chiang dsou
hin ... nach welches-Stück Richtung gehen
In welcher Richtung ist ...?

Ebenfalls wichtig zur Orientierung sind:

红绿灯	**hóng-lù-dēng**	~~ch~~ung-lü-dĕng	Ampel
桥	**qiáo**	tjiau	Brücke
纪念碑	**jì-niàn-bēi**	dji-niän-bäi	Denkmal
胡同	**hú-tòng**	~~ch~~u-tung	Gasse
十字路口	**shí-zì lù-kǒu**	schi-ds<u>i</u> lu-k<u>ou</u>	Kreuzung
市场	**shì-chǎng**	sch<u>i</u>-tschang	Markt
博物馆	**bó-wù-guǎn**	bo-wu-g<u>ua</u>n	Museum
夜市	**yè-shì**	yé-sch<u>i</u>	Nachtmarkt
公园	**gōng-yuán**	gung-yüän	Park
街道	**jiē-dào**	djiä-dau	Straße
广场	**guǎng-chǎng**	guang-tschang	Platz
动物园	**dòng-wù-yuán**	dung-wu-yü<u>ä</u>n	Zoo

86 bā-shí-liú

Unterwegs ...

这条街叫甚么?

Zhè tiáo jiē jiào shénme?

dshé tiau djiä djiau schénmè

dies Stück Straße heißen was

Wie heißt diese Straße?

是在这里附近吗?

Shì zài zhè-li fù-jìn ma?

schǐ dsai dshé-li fu-djin ma

ist in hier Nähe FP

Ist das hier in der Nähe?

我可以走路去吗?

Wǒ kě-yǐ zǒu-lù qù ma?

wo kè-yi dsou-lu tjü ma

ich können gehen-Straße hingehen FP

Kann ich dorthin zu Fuß gehen?

Achtung:
Die Fahrräder in
China haben in der
Regel kein Licht und
viele Autos fahren
abends auch ohne!
Also aufgepasst!

... mit dem Fahrrad

Fahrräder kann man in vielen Städten in der VR China mieten, z. B. beim Verleih, bei Hotels oder auch Restaurants. Häufig muss als Garantie der Pass oder eine bestimmte Summe hinterlegt werden. Am besten den Preis vorher (z. B. für einen Tag) erfragen.

我要租一辆自行车。

Wǒ yào zū yí liàng zì-xíng-chē.

wo yau dsu yi liang dsï-ching-tsché

ich wollen mieten ein Stück Fahrrad

Ich möchte ein Fahrrad mieten.

bā-shí-qī | **87**

Unterwegs ...

要付多少押金？
Yào fù duōshao ya-jīn?
yau fu duoschau ya-djin
müssen bezahlen wie-viel Pfandgeld
Wie viel muss ich hinterlegen?

租一天多少钱？
Zū yì tiān duōshao qían?
dsu yi tiän duoschau tjiän
mieten eins Tag wie-viel Geld
Was kostet die Miete pro Tag?

多少钱一小时？
Duōshao qián yì xiǎo-shí?
duoschau tjiän yi chiau-schi
wie-viel Geld eins Stunde
Was kostet es für eine Stunde?

... mit dem Taxi

Man kann Taxen übrigens auch für einen Tagesausflug mieten.

Telefonisches Bestellen von Taxis ist nur schwer möglich, aber man kann, insbesondere in den großen Städten, Taxis überall auf der Straße herbeiwinken (wenn nicht gerade dort Halteverbot ist). Taxistände gibt es an vielen Hotels, an Bahnhöfen und Flughäfen.

Am besten man lässt sich z. B. an einer Hotelrezeption den Bestimmungsort auf Chinesisch aufschreiben.

出租汽车
chū-zū-qì-che
tschu-dsu-tji-tsché
Taxi
Taxi!

哪里有出租汽车？
Nǎ-li yǒu chū-zū-qì-chē?
na-li you tschu-dsu-tji-tsché
wo haben Taxi
Wo gibt es Taxen?

88 bā-shí-bā

Unterwegs ...

请替我叫一辆出租车。
- **Qǐng tì wǒ jiào yí-liàng chū-zū-chē.**
  tjing ti wo djiau yi-liang tschu-dsu-tschĕ
  bitten für ich rufen eins-mal mieten-Wagen
  Bitte rufen Sie ein Taxi.

请开到。。。　　　我要去。。。
- **Qǐng kāi dào ...**　　**Wǒ yào qù ...**
  tjing kai dau　　　　wo yau tjü
  bitten fahren nach　*ich wollen hingehen*
  Bitte zu / nach ...　　Ich möchte nach ...

Vielerorts sind die Kilometerpreise im Heckfenster angeschlagen, hinzu kommt ein Grundpreis und Wartezeiten müssen gesondert gezahlt werden.

到。。。多少钱？
- **Dào ... duō-shǎo qián?**
  dau ... du̯oschau tjiän
  zu ... wie-viel Geld
  Wie viel kostet es nach ...?

huǒ-chē-zhàn	huo-tschĕ-dshan	Bahnhof	火车站
gǎng-kǒu	gang-kou	Hafen	港口
lǚ-diàn	lü-diän	Herberge	旅店
fàn-diàn	fan-diän	Hotel	饭店
yī-yuàn	yi-yuän	Krankenhaus	医院
fēi-jī-chǎng	fäi-dji-tschang	Flughafen	飞机场
shì-zhōng-xīn	schi-dshung-chin	Stadtzentrum	市中心
dào zhè-li	dau dshé-li	hierher	到这里

一公里多少钱？
- **Yì gōnglǐ duōshao qián?**
  yi gungli du̯oschau tjiän
  eins Kilometer wie-viel Geld
  Was kostet der Kilometer?

bā-shí-jiǔ | **89**

Unterwegs ...

In manchen Städten gibt es Dreiradtaxis (sān-lún-chē ßan-lun-tschè), die weit preiswerter als Autos sind.

请打开计程表。
Qǐng dǎ-kāi jì-chéng-biǎo!
tjing da-kai dji-tschéng-biau
bitten anstellen Taxometer
Bitte stellen Sie das Taxometer ein!

能等我一下吗？
Néng děng wǒ yí-xià ma?
néng děng wo yi-chia ma
können warten ich eins-mal FP
Können Sie auf mich warten?

请在这里等一下。
Qǐng zài zhè-li děng yi-xià!
tjing dsai dshé-li děng yi-chia
bitten in hier warten eins-mal
Bitte warten Sie hier!

... mit dem Bus

In vielen Großstädten gibt es die Wahl zwischen klimatisierten Bussen, Schnellbussen etc. Man muss sich vor Ort genau erkundigen.

Busfahrten sind zwar sehr billig, die Busse aber zu den Stoßzeiten völlig überfüllt. Von bestimmten, ausgewiesenen Busbahnhöfen, die es in jeder Stadt gibt, gehen Überlandbusse ab. Gerade in etwas abgelegenen Regionen sind sie oft die einzige Verbindungsmöglichkeit.

长途汽车站在哪里？
Cháng-tú-qì-chē zhàn zài nǎ-li?
tschang-tu-tji-tsché dshan dsai na-li
langer-Weg-Wagen Station in wo
Wo ist der Bahnhof für Überlandbusse?

Unterwegs …

汽车什么时候开？

Qìchē shénme shí-hou kāi?

tjitschē schénmē schi-chou kai

Wagen was Zeit fahren

Wann fährt der Bus nach … ?

去。。。的公共汽车在哪里停？

Qù … de gōng-gòng qì-chē zài nǎ-li tíng?

tjü … dē gung-gung tji-tschē dsai na-li ting

gehen … P öffentlichen Wagen in wo halten

Wo halten die Busse nach …?

买一张去。。。的票！

Mǎi yì zhāng qù … de piào!

mai yi dshang tjü … dē piau

kaufen eins Stück gehen … P Karte

Eine Fahrkarte nach …!

Qù … zuò jǐ lù-chē?

tjü … dsuo dji lu-tschē

hingehen … sitzen wie-viel Linie-Wagen

Welcher Bus fährt zu/nach ….?

Zhè tàng chē qù … ma?

dshē tang tschē tjü … ma

dies Stück Wagen gehen … FP

Fährt dieser Bus nach/zum … ?

到。。。要多少钱？

Dào … yào duōshao qián?

dau … yau duoschau tjiän

ankommen … brauchen wie-viel Geld

Was kostet die Fahrt nach …?

Zwischen etlichen Städten bestehen jetzt auch Autobahnen:
高速公路
gāo-su-gōng-lù.

*Es gibt in etlichen Städten auch noch öffentliche Minibusse (*xiǎo-gōng-gòng-qì-chē*), die oft dieselben Strecken abfahren wie die großen Linienbusse. Sie sind teurer, aber bequemer und schneller. Sie fahren in der Regel aber erst los, wenn der Bus voll besetzt ist. Wenn man Pech hat, muss man etwas länger warten.*

jiǔ-shí-yī **91**

Unterwegs ...

下/末车几点钟开？
Xià/mò bān qì-chē jǐ diǎn zhōng kāi?
chia/mo ban tji-tschè dji diän dshung kai
nächste/letzte Mal Wagen wie-viel Punkt Uhr fahren
Wann fährt der nächste/letzte Bus?

到站请告诉我一声。
Dào zhàn qǐng gào-su wǒ yì shēng.
dau dshan tjing gau-ßu wo yi schéng
erreichen Haltestelle bitten mitteilen ich ein Ton
Sagen Sie bitte Bescheid, wenn wir da sind.

Schaffner im Bus:
Im Zug jedoch:

chē-piào	tschè-piau	Fahrschein
chē-zhàn	tschè-dshan	Haltestelle
shòu-piào-yuán	schou-piau-yüán	Schaffner
chéng-wù-yuán	tschéng-wu-yüán	Schaffner
chū-fā	tschu-fa	Abfahrt
xià-chē	chia-tschè	aussteigen
shàng-chē	schang-tschè	einsteigen
sī-jī	ßi-dji	Fahrer

... mit der U-Bahn

In drei Städten, Guangzhou, Shanghai und Beijing gibt es ein bequem zu nutzendes U-Bahn-Netz, das allerdings zu Stoßzeiten ebenso überlastet ist wie die Busse.

最近的地铁站在哪里？
Zuì jìn-de dì-tiě-zhàn zài nǎ-li?
dsui djin-dè di-tiä-dshan dsai na-li
meist nahe U-Bahn-Station in wo
Wo ist die nächste U-Bahn-Station?

92 | jiǔ-shí-èr

Unterwegs ...

Qǐng nín gào-sù wǒ zài nǎ-li yào xià chē.

tjing nin gau-ßu wo dsai na-li yau chia tschê

bitten Sie sagen ich in wo müssen aussteigen Wagen

Bitte sagen Sie mir, wo ich aussteigen muss.

... mit dem Zug

Bahnfahrten sind relativ preiswert und dazu interessant. Es gibt 4 Klassen: „hart" bzw. weich sitzen" und „hart" bzw. „weich schlafen". Es gibt heute aber moderne, oft vollklimatisierte Züge mit nur zwei Klassen, z. B. zwischen Hangzhou und Shanghai; Wuhan und Shanghai. Viele der modernen Züge sind Nichtraucherzüge.

一张到。。。的 票

Yī zhāng dào ... de piào.

yi dshang dau ... dê piau

ein Stück nach ... P Karte

Eine Fahrkarte nach ...

从。。。到。。。多少钱？

Cóng ... dào ... duōshao qián?

tsung ... dau ... duoschau tjiän

von ... nach ... wie-viel Geld

Wie viel kostet es von ... nach ...?

软席多少钱？

Ruǎn-xí duōshao qián?

shuan-chi duoschau tjiän

Polstersitz wie-viel Geld

Was kostet ein Sitz in der Comfortklasse?

jiǔ-shí-sān **93**

Unterwegs ...

Bahnhof	火车站	**huǒ-chē-zhàn**	huo-tsché-dshan
Bahnsteig	站台	**zhàn-tái**	dshan-tai
Bahnsteigkarte	站台票	**zhàn-tái-piào**	dshan-tai-piau
Fahrkarte	车票	**chē-piào**	tsché-piau
Kinderfahrkarte	儿童票	**ér-tóng-piào**	èr-tung-piau
Schlafwagenkarte	卧铺票	**wò-pù-piào**	wo-pu-piau
Nichtraucher	不准吸烟	**bù-zhǔn xī-yān**	bu-dshun chi-yän
Raucherabteil	吸烟车厢	**xī-yān chē-xiāng**	chi-yän tsché-chiang
Speisewagen	餐车	**cān-chē**	tsan-tsché
Schlafwagen	卧铺车	**wò-pù-chē**	wo-pu-tsché
Hartsitz	硬座/席	**yìng-zuò /-xí**	ying-dsuo /-chi
Hartbett	硬卧	**yìng-wò**	ying-wo
Polstersitz	软座/席	**ruǎn-zuò /-xí**	shuan-dsuo /-chi
Polsterbett	软卧	**ruǎn-wò**	shuan-wo
Gepäck	行李	**xíng-li**	ching-li
Wartesaal	候车室	**hòu-chē-shì**	hou-tsché-schi
Ankunft	到达	**dào-dá**	dau-da
Abfahrt	出发	**chū-fā**	tschu-fa
Zugnummer	车号	**chē-hào**	tsché-~~chau~~
Schnellzug	快车	**kuài-chē**	kuai-tsché
Express-Schnellzug	特别快车	**tè-bié kuài-chē**	te-biä-kuai-tsché
einfacher Personenzug	普通客车	**pǔ-(tōng kè)-chē**	pu-(tung kè)-tsché
langsamer Zug	慢车	**màn-chē**	man-tsché
Schnellzug (direkt)	直快	**zhí-kuài**	dshi-kuai
Express-Zug	特快	**tè-kuài**	té-kuai

行李室在哪里？
Xíng-li-shì zài nǎ-li?
ching-li-schi dsai na-li
Gepäck-Raum in wo
Wo ist die Gepäckaufbewahrung?

94 | jiǔ-shí-sì

Unterwegs ...

Kāi-wǎng ... de liè-chē tíng zài jǐ zhàn tái?
kai-wang ... dě liǎ-tschē ting dsai dji dshan tai
abfahren ... P Zug halten in wie-viel Stück Bahnsteig
Ab welchem Bahnsteig hält der Zug nach ... ?

到。。。的车几点开？

Dào ... de chē jǐ diǎn kāi?
dau ... dě tschē dji diän kai
nach ... P Wagen wie-viel Punkt fahren
Wann fährt der Zug nach ... ab?

这是去。。。的列车吗？

Zhè shì qù ... de liè-chē ma?
dshě schɨ tjü ... dě liǎ-tschē ma
dies ist nach ... P Zug FP
Ist dies der Zug nach ...?

要换车吗？   在哪里换车？

Yào huàn chē ma?   **Zài nǎ-li huàn chē?**
yau ~~chuan~~ tschē ma   dsai na-li ~~chuan~~ tschē
müssen wechseln Wagen FP   *in wo wechseln Wagen*
Muss ich umsteigen?   Wo steige ich um?

这趟车直接到。。。吗？

Zhè tàng chē zhí-jiē dào ... ma?
dshě tang tschē-djiä dau ... ma
dies Stück Wagen direkt ankommen ... FP
Fährt der Zug direkt nach ...?

Zhè-ge wèi-zi yǒurén ma?
dshě-gě wäi-dsɨ youshén ma
dies-Stück Platz haben-Mensch FP
Ist dieser Platz besetzt?

Fahrkarten sind an den Bahnhöfen oder über die verschiedenen Reisbüros zu besorgen. Man sollte sich rechtzeitig darum kümmern, speziell im Sommer und in den Hauptreisezeiten (z. B. um den 1. Oktober oder in der Frühlingsfestwoche) sind sie rasch ausverkauft!

Bei Problemen kann man sich im Zug an das begleitende Personal wenden. Man kann normalerweise keine Rückfahrkarten erstehen, da für Hin- und Rückfahrt die Karte gesondert gekauft werden muss. Ohne Bahnsteigkarte darf man nicht auf den Bahnsteig gehen!

jiǔ-shí-wǔ | 95

Unterwegs ...

In vielen Zügen gibt es heißes Wasser. Auf Hauptlinien werden auch Tee, Kaffee und Snacks verkauft. Die großen Überland-Reisezüge verfügen alle über einen Speisewagen und oft über einen Laden.

In vielen Zügen sind die Toiletten nach wie vor nicht gut. Selbst an Toilettenpapier und Seife denken!

从。。。来的火车晚点吗?
Cóng ... lái-de huǒ-chē wǎn-diǎn le ma?
tsung ... lai-de ~~chuo-tschē~~ wan-diän lé ma
von ... kommen-P Zug Verspätung P FP
Hat der Zug aus ... Verspätung?

火车什么时候到。。。?
Huǒ-chē shénme shí-hou dào ...?
~~chuo-tschē~~ schénmë schi-chou dau ...
Zug was Zeit ankommen ...
Wann wird der Zug in ... eintreffen?

您可以帮我占一下这个位子吗?
Nín kě-yǐ bāng wǒ zhàn yí-xià zhè-ge wèi-zi ma?
nin kě-yi bang wo dshan yi-chia dshė-gė wäi-dsi ma
Sie können helfen ich besetzen eins-mal dies-Stück Platz FP
Könnten Sie bitte kurz auf den/die Sitzplätze aufpassen?

我要退掉这张票。
Wǒ yào tuì-diào zhè zhāng piào.
wo yau tui diau dshė dshang piau
ich wollen zurückgeben dies Stück Karte
Ich möchte dieses Ticket rückvergütet haben.

... mit dem Schiff

我要一张去。。。的船票。
Wǒ yào yì zhāng qù ... de chuán-piào.
wo yau yi dshang tjü ... dė tschuan-piau
ich wollen eins Stück gehen ... P Schiff-Karte
Ich hätte gerne einen Schiffsplatz nach ...

Unterwegs ...

(去。。。的)船什么时候开?
(Qù ... de) chuán shénme shí-hou kāi?
(tjü ... dè) tschuan shénme schi-chou kai
(gehen ... P) Schiff was Zeit fahren
Wann fährt das Schiff (nach ...)?

渡船	**dù-chuán**	du-tschuan	*Fähre*
摆渡	**bǎi-dù**	bai-du	*Überfahrt*
上船	**shàng chuán**	schang tschuan	*an Bord gehen*
客舱	**kè-cāng**	kè-tsang	*Kabine*
停泊处	**tíng-bó-chù**	ting-bo-tschu	*Anlegestelle*
船票	**chuán-piào**	tschuan-piau	*Schiffsticket*
一等舱	**yī-děng-cāng**	yi-děng-tsang	*1. Klasse*
二等舱	**ér-děng-cāng**	ér-děng-tsang	*2. Klasse*
(轮)船	**(lún-)chuán**	(lun-)tschuan	*Schiff*
港口	**gǎng-kǒu**	gang-kou	*Hafen*

... im Flugzug (Inland)

Viele Buchungen können inzwischen in Großstädten bequem über Reisebüros, Hotels oder über die verschiedenen Fluggesellschaften vorgenommen werden.

Qù ... de (lái-huí) piào yào duōshao qián?
tjü ... dè (lai-hui) piau yau duoschau tjiän
gehen ... von (Hin-Rück)-Karte wollen wie-viel Geld
Was kostet ein Flug (Hin- und Rück) nach ...?

Yǒu méi yǒu děng-hòu-wèi?
you mäi you děng-chou-wäi
haben nicht haben warten-Plätze
Gibt es Stand-by-Plätze?

jiǔ-shí-qī | **97**

Unterwegs ...

Eingang	入口	**rù-kǒu**	ru-kou
Ausgang	出口	**chū-kǒu**	tschu-kou
Check-in	登记	**dēng-jì**	dèng-dji
Schalter	窗口	**chuāng-kǒu**	tschuang-kou
Gate	门	**mén**	mèn
buchen	订	**dìng**	ding
bestätigen	再确认	**zài què-rén**	dsai tjüä-shèn
Flug streichen	取消	**qǔ-xiāo**	tjü-chiau
Flug stornieren	退票	**tuì piào**	tui piau
hin und zurück	来回	**lái húi**	lai chöi
einfach	单程	**dān-chéng**	dan-tscheng
Economy Class	普通舱	**pǔ-tōng cāng**	pu-tung tsang
Business Class	商务舱	**shāng-wù cāng**	schang-wu tsang
1. Klasse	头等舱	**tóu-děng cāng**	tou-dèng tsang
am Fenster	靠窗的	**kào chuāng-de**	kau tschuang-dè
im Gang	走廊的	**zǒu láng-de**	dsou lang-dè
Sitzplatz	座位	**zùo-wèi**	dsuo-wäi
Verspätung	晚点	**wǎn-diǎn**	wan-diän

98 | jiǔ-shí-bā

Fotografieren

降落	**jiàng-lùo**	djiang-luo	*landen*
手提行李	**shǒu-tí xíng-lǐ**	schou-ti ching-li	*Handgepäck*
问讯台	**wèn-xùn-tái**	wen-chün-tai	*Information*
托运行李	**tuō-yùn xíng-lǐ**	tuo-yün ching-li	*Gepäck aufgeben*
起飞	**qǐ-fēi**	tji-fäi	*Abflug*
到达	**dào-dá**	dau-da	*Ankunft*
机场	**jī-chǎng**	dji-tschang	*Flughafen*
飞机票	**fēi-jī-piào**	fäi-dji-piau	*Flugticket*
登记卡	**dēng-jī-kǎ**	dèng-dshi-ka	*Bordkarte*
机场费	**jī-chǎng-fēi**	dji-tschang-fäi	*Flughafengebühr*

Fotografieren

In der Regel darf man alles und überall fotografieren. Wo es nicht erlaubt ist, stehen fast immer auch Schilder. Auch ohne besonderes Hinweisschild ist es in jedem Fall verboten, militärische Anlagen zu fotografieren!

我可以照相吗?

🔊 **Wǒ kě-yǐ zhào-xiàng ma?**
wo kě-yi dshau-chiang ma
ich dürfen fotografieren-Foto FP
Darf ich fotografieren?

禁止照相!

🔊 **Jìn-zhǐ zhào-xiàng!**
djin-dshï dshau-chiang
verbieten fotografieren-Foto
Fotografieren verboten!

jiǔ-shí-jiǔ 99

Einkaufen

Videokamera	摄像机	**shè-xiàng-jī**	schė-chiang-dji
fotografieren	照相	**zhào-xiàng**	dshau-chiang
filmen	拍	**pái**	pai
Film	胶卷	**jiāo-juǎn**	djiau-djüan
Farb-	彩色	**cǎi-sè**	tsai-ße
Schwarz-Weiß-	黑白	**hēi-bái**	häi-bai
Dia-	幻灯片	**huàn-dēng-piàn**	chuan-dėng-piän
Batterie	电池	**diàn-chí**	diän-tschi
Film entwickeln	冲洗	**chóng-xǐ**	tschung-chi

能不能修理我的照相机?
Néng bù néng xiū-li wǒde zhào-xiàng-jī?
néng bu néng chiu-li wodé dshau-chiang-dji
können nicht können reparieren mein Fotoapparat
Können Sie meinen Fotoapparat reparieren?

我想冲洗这卷胶卷。
Wǒ xiǎng chōng-xǐ zhè juǎn jiāo-juǎn.
wo chiang tschung-chi dshè djüan djiau-djüan
ich mögen entwickeln dies Rolle Film
Ich möchte diesen Film entwickeln lassen.

Einkaufen

In Geschäften (staatliche wie private), in denen die Preise festgelegt sind, kann man nicht handeln. Das wäre unhöflich. Auf den (Gemüse- bis Bekleidungs-)Märkten und in vielen privaten Lädchen ist Handeln und Feilschen üblich. Vorsicht vor Fälschungen, prüfen Sie Ihre Ware!

Einkaufen

哪里有。。。?
Nǎ-li yǒu ...?
na-li you
wo haben
Wo gibt es ...?

有没有。。。?
Yǒu méi yǒu ...?
you mäi you
haben nicht haben
Haben Sie ...?

我要。。。
Wǒ yào ...
wo yau
ich wollen
Ich hätte gerne ...

我想买。。。
Wǒ xiǎng mǎi ...
wo chiang mai
ich mögen kaufen
Ich möchte ... kaufen.

我在哪里哟可以买到。。。?
Wǒ zài nǎ-li kě-yǐ mǎi-dào ...?
wo dsai na-li kě-yi mai-dau
ich in wo können einkaufen
Wo kann ich ... kaufen?

请给我。。。
Qǐng gěi wǒ ...
tjing gäi wo
bitten geben ich
Geben Sie mir bitte...

请给我看看。。。
Qǐng gěi wǒ kàn-kan ...
tjing gäi wo kan-kan
bitten geben ich sehen-sehen
Zeigen Sie mir bitte ...

Fantasiepreise nennen die Händler in Touristenzentren einer „Langnase" (dà bízi), wie die Chinesen westliche Ausländer nennen. Es hat sich so etwas wie ein „Volkssport" entwickelt, das „Ausländer-Schlachten" (zǎi lǎowài), wie das Über-das-Ohr-Hauen der Ausländer genannt wird.

gèng hǎo-de	géng chau-dè	noch Besseres
guì	gui	teuer
tài guì-le	tai göi-lè	zu teuer
pián-yi	piän-yi	billig
bú guì	bu göi	nicht teuer
dà-yì-diǎn	da-yi-diän	größer
xiǎo-yì-diǎn	chiau-yi-diän	kleiner
jiǎ-de	djia-dè	falsch
zhēn-de	dshén-dè	echt

yì-bǎi-yī **101**

Einkaufen

这个要多少钱?
Zhè-ge yào duōshao qián?
dshė-gė yau du<u>o</u>schau tjiän
dies-Stück wollen wie-viel Geld
Wie viel kostet dies?

。。。要多少钱?
... yào duōshao qián?
... yau du<u>o</u>schau tjiän
... wollen wie-viel Geld
Wie viel kostet ...?

Tài guì-de wǒ bú yào.
tai gui-dė wo bu yau
zu teuer-P ich nicht wollen
Ich will nichts Teures.

Wǒ mǎi zhè-ge.
wo mai dshė-gė
ich kaufen dies-Stück
Das nehme ich.

Farben

huángsè	~~ch~~u<u>a</u>ngßė	gelb
chéngsè	tsch<u>é</u>ngßė	orange
hóngsè	~~ch~~ungßė	rot
lánsè	l<u>a</u>nßė	blau
lǜsè	lüßė	grün
zōngsè	ds<u>u</u>ngßė	braun
cǎisè	ts<u>ai</u>ßė	bunt
báisè	b<u>ai</u>ßė	weiß
hēisè	~~ch~~<u>äi</u>ßė	schwarz

Hài yǒu qī-tā de yán-sè ma?
~~ch~~ai you tschi-ta de yän-sė ma
noch haben andere Farbe FP
Haben Sie auch andere Farben?

102 | yì-bǎi-èr

Essen & Trinken

- **Yǒu xiǎo/dà yì-diǎn-de ma?**
 you chiau/da yi-diän-de ma
 haben klein/groß ein-bisschen-P FP
 Gibt es (das) noch kleiner/größer?

- **Zhè-ge tài xiǎo/dà le.**
 dschë-gë tai chiau/da le
 dies-Stück zu klein/groß
 Das ist mir zu klein/groß!

Essen & Trinken

Die Spezialitäten variieren je Region:

Der Norden mit Peking und Shandong: Bekannt sind die vielen Zubereitungsarten. Besonderheiten sind die Gerichte der kaiserlichen Küche, die Peking-Ente und der mongolische Feuertopf.

Der Osten mit Shanghai, Jiangsu und Zhejiang ist wegen der Meeresnähe stark auf Meeresfrüchte ausgerichtet.

Der Westen (Sichuan und Hunan) zeichnet sich durch scharfe Gerichte (mit Ingwer, Knoblauch, Chili und Sichuanpfeffer) aus. Eine Spezialität ist der sehr scharfe Tofu (má-pó-dòu-fu = *Tofu nach Art der pockennarbigen Mutter*) oder Feuertopf.

Der Süden mit Guangzhou (Kanton) bietet eine Unmenge an Gemüse-, Enten-, Gänse- und Fischspezialitäten sowie das berühmte „Dim-Sum" = *gedämpfte Teigtaschen*.

Chinesen essen dreimal am Tag warm. Grundnahrungsmittel sind dabei in Südchina Reis und in Nordchina Teigwaren. Dazu wird Fleisch, Fisch und Gemüse gegessen.

yì-bǎi-sān | **103**

Essen & Trinken

Restaurants & Co.

饭店	**fàn-diàn**	fan-diän
饭馆	**fàn-guǎn**	fan-guan
餐馆	**cān-guǎn**	tsan-guan
酒家	**jiǔ-jiā**	djiu-djia
饭庄	**fàn-zhuāng**	fan-dshuang

Zhè-li yǒu hǎo de cān-guǎn ma?
dshé-li you chau dé tsan-guan ma
hier haben bekannt von Essen-Laden FP
Gibt es hier ein gutes Restaurant?

Schnellimbiss	快餐部	**kuài-cān-bù**	kuai-tsan-bu
Imbissstube	小吃店	**xiǎo-chī-diàn**	chiau-tschi-diän
Imbissstube	小吃部	**xiǎo-chī-bù**	chiau-tschi-bu
Peking-Enten-Restaurant	烤鸭店	**kǎo-yā-diàn**	kau-ya-diän
Nudel-Restaurant	面馆	**miàn-guǎn**	miän-guan
Teigtaschen-Stube	包子铺	**bāo-zi-pù**	bau-dsi-pu
Suppen-Restaurant	馄饨馆	**hún-tún-guǎn**	chun-tun-guan
Vegetarisches Restaurant	素菜馆	**sù-cài-guǎn**	ßu-tsai-guan
Moslem-Restaurant	清真馆	**qīng-zhēn-guǎn**	tjing-dshén-guan
Café	咖啡店	**kā-fēi-diàn**	ka-fäi-diän
Teestube	茶馆	**chá-guǎn**	tscha-guan

im Restaurant

Im Restaurant bestellt man kein Gericht für sich allein, sondern wählt z. B. für fünf Personen fünf Hauptgerichte aus, dazu Reis oder Nudeln und eine Suppe. Alles wird in die Tischmitte gestellt und jeder nimmt sich etwas von allem. Geht man hingegen in eine

Essen & Trinken

Garküche oder eine Nudel- oder Teigtaschen- oder Suppen-Stube, bestellt jeder ein Gericht für sich.

请把菜单给我。
- **Qǐng bǎ cài-dān gěi wǒ.**
  tjing ba tsai-dan gäi wo
  bitten nehmen Speise-Karte geben ich
  Die Speisekarte, bitte.

有英文菜单吗?
- **Yǒu yīng-wén cài-dān ma?**
  you ying-wèn tsai-dan ma
  haben Englisch Speisekarte FP?
  Gibt es eine englische Speisekarte?

In Touristenzentren und Großstädten finden sich mittlerweile auch Speisekarten auf Englisch, aber das bleibt eine Ausnahme!

这里有什么名菜?
- **Zhè-li yǒu shénme míng-cài?**
  dshè-li you schénmė ming-tsai
  hier haben was bekannt-Essen
  Was ist Ihre Spezialität?

哪个菜好吃?
- **Něi-ge cài hǎo-chī?**
  näi-gė tsai chau-tschi
  welches Essen wohlschmeckend
  Was können Sie uns empfehlen?

每人二十块钱。
Měi rén ér-shí kuài qián.
mäi schén èr-schi kuai tjiän
jede Person zwei-zehn Stück Geld
Für jeden zu zwanzig Yuan.

Geht man zu mehreren essen, kann man auch pro Person einen Fixpreis ausmachen.

yì-bǎi-wǔ **105**

Essen & Trinken

我不吃肉。

Wǒ bù chī ròu.

wo bu tschɨ shou

ich nicht essen Fleisch

Ich esse kein Fleisch.

我们要。。。

Wǒmen yào ...

wŏmén yau ...

wir wollen ...

Wir möchten ...

Gerichte

名菜	**míng-cài** ming-tsai Spezialität
冷盘	**lěng-pán** lĕng-pan Kalte Platte
素菜	**sù-cài** ßu-tsai Vegetarisches Gericht
饺子	**jiǎo-zi** djiau-dsɨ Maultaschen, gefüllt mit Fleisch oder Gemüse
包子	**bāo-zi** bau-dsi gefüllte und gedämpfte Klöße bzw. Teigtaschen
炸春卷	**zhá-chūn-juǎn** dsha-tschun-djüän Fritierte Frühlingsrollen
古老肉	**gǔ-lǎo-ròu** gu-lau-shou Süß-saures Schweinefleisch
香酥鸡	**xiāng-sū-jī** chiang-ßu-dji Knusprig gebackenes Huhn
芙蓉鸡片	**fú-róng jī-piàn** fu-shung dji-piän Weiße Hühnerbrust mit Ei und Gemüse
葱油鸡	**cōng-yóu-jī** tsung-you-dji In Salz mariniertes und gedämpftes Huhn
宫保鸡丁	**gōng-bǎo-jī-dīng** gung-bau-dji-ding Gebratenes Hühnerfleisch m. Erdnüssen (scharf)
北京烤鸭	**Běi-jīng kǎo-yā** bäi-djing kau-ya Peking-Ente
板鸭	**bǎn-yā** ban-ya Kanton-Ente
火锅	**huǒ-guō** chuo-guo Feuertopf
汤	**tāng** tang Suppe
汤面	**tāng-miàn** tang-miän Nudelsuppe

Essen & Trinken

suān-là-tāng ßuan-la-tang Sauer-scharfe-Suppe	酸辣汤
diǎn-xīn diän-chin Dimsum (Kanton)	点心
là-zi ròu-dīng la-dsɨ rou-ding Schweinefleisch mit grüner Paprika	辣子肉丁
mǐ-fàn mi-fan Gekochter Reis	米饭
chǎo-fàn tschau-fan Gebratener Reis	炒饭
nuò-mǐ nuo-mi Klebereis	糯米
miàn-tiáo miän-tiau Nudeln	面条
chǎo-miàn tschau-miän Gebratene Nudeln	炒面

这个菜叫什么?

🗩 **Zhè-ge cài jiào shénme?**
dshè-gé tsai djiau schénmè
dies-Stück Gericht heißen was
Wie heißt dieses Gericht?

yì-bǎi-qī 107

Essen & Trinken

Qǐng nǐ shàng mǐ-fàn.
tjing ni schang mi-fan
bitten du auf Reis-Essen
Bitte bringen Sie Reis.

Yǒu méi yǒu ...?
you mäi you
haben nicht haben
Haben Sie ... ?

Gemüse

Natürlich wird in China Hundefleisch (gǒu-ròu) gegessen, doch wahrhaftig nicht in allen Restaurants und auch nicht in allen Regionen. Gerade in Südchina, etwa Guangzhou, kommen die unterschiedlichsten Wildtiere von Schlangen bis hin zu Skorpionen auf den Tisch. Wenn man es wagen möchte: „Mal probieren!" (cháng-yi-cháng!)

qié-zi	tjiä-dsɨ	Aubergine
zhú-sǔn	dshu-ßun	Bambussprossen
yín-ěr	yin-ěr	Baumpilze
dà-bái-cài	da-bai-tsai	Chinakohl/Kohl
wān-dòu	wan-dou	Erbsen
shū-cài	schu-tsai	Gemüse
huáng-guā	chuang-gua	Gurke
tǔ-dòu	tu-dou	Kartoffel
jiǔ-cài	djiu-tsai	Lauch
hú-luó-bo	chu-luo-bo	Möhrrübe
mù-ěr	mu-ěr	Mu-Err-Pilze
shì-zi-jiāo	schɨ-dsɨ-djiau	Paprikagemüse
yóu-cài	you-tsai	Raps
luó-bo	luo-bo	Rübe
qín-cài	tjin-tsai	Sellerie
dòu-yá	dou-ya	Sojabohnenkeime
lú-sǔn	lu-ßun	Spargel
mó-gu	mo-gu	Speisepilz
bō-cài	bo-tsai	Spinat
dòu-jiāo	dou-djiau	Stangenbohne
bái-shǔ	bai-schu	Süßkartoffel
dòu-fu	dou-fu	Tofu
fān-qié	fan-tjiä	Tomate
mǎ-tí	ma-ti	Wasserkastanie
dōng-guā	dung-gua	Wintermelone
yáng-cōng	yang-tsung	Zwiebel

Essen & Trinken

Fleisch und Fisch

shàn-yú	schan-yü	Aal	鳝鱼
yā-zi	ya-dsi	Ente	鸭子
ròu (lèi)	shou (läi)	Fleisch(gericht)	肉(类)
yú (lèi)	yü (läi)	Fisch(gericht)	鱼(类)
xiā	chia	Garnelen	虾
jiā-qín-lèi	djiā-tjin-läi	Geflügelgericht	家禽类
huáng-yú	huang-yü	Gelbfisch	黄鱼
yáng-ròu	yang-shou	Hammelfleisch	羊肉
jī-ròu	dji-shou	Hähnchen(fleisch)	鸡肉
lǐ-yú	li-yü	Karpfen	鲤鱼
páng-xiè	pang-chiä	Krebs	螃蟹
lóng-xià	long-chia	Languste	龙虾
hǎi-xiān	chai-chiän	Meeresfrüchte	海鲜
niú-ròu	niu-shou	Rindfleisch	牛肉
zhū-ròu	dshu-shou	Schweinefleisch	猪肉
shé	schè	Schlange	蛇
yóu-yú	you-yü	Tintenfisch	鱿鱼

Zubereitungsarten

Beim Bestellen hilft es, einige typische Zubereitungsarten zu kennen:

chǎo	tschau	in der Pfanne kurz gebraten
zhēng	dshéng	dämpfen
dùn	dun	schmoren, langsam kochen
zhǔ	dshu	kochen, Essen zubereiten
xūn	chün	räuchern
kǎo	kau	braten, grillen
zhá	dsha	in Öl braten, frittieren

yì-bǎi-jiǔ | **109**

Essen & Trinken

Gewürze & Zutaten

Das Essen mit Stäbchen sollte man unbedingt erlernen, da westliches Besteck nur in Touristenrestaurants zu haben ist. Ein Tipp: Ein Drittel der Stäbchen sollte über der haltenden Hand und zwei Drittel darunter liegen, dann ist es am einfachsten. Und so geht's:

là-zi	la-dsi	Cayennepfeffer
huā-jiāo	chua-djiau	Sichuanpfeffer
là-jiàng-yóu	la-djiang-you	Chili-Soja-Soße
cù	tsu	Essig
xiāng-liào	chiang-liau	Gewürze
wèi-jīng	wäi-djing	Glutamat
jiāng	djiang	Ingwer
dà-suàn	da-ßuan	Knoblauch
gān-là-jiāo	gan-la-djiau	Paprikagewürz
hú-jiāo	chu-djiau	Pfeffer
yán	yän	Salz
jiàng-yóu	djiang-you	Sojasoße
guì-pí	gui-pi	Zimt, Kassiarinde
(bái-)táng	(bai-)tang	Zucker

请(您)多放一点盐。

Qǐng (nín) duō fàng yìdiǎn yán!
tjing (nin) duo fang yidiän yän
bitte (Sie) viel einfügen etwas Salz
Bitte fügen Sie etwas mehr Salz zu.

Das erste, feststehende Stäbchen wird in die Mulde zwischen Daumen und Zeigefinger gelegt. Das untere Ende liegt fest auf dem ersten Gelenk des Ringfingers.

tài ...	tai ...	zu ...
bǐ-jiào ...	bi-djiau ...	ziemlich ...
shēng	schéng	roh
xián	chiän	salzig
suān	ßuan	sauer
là	la	scharf
tián	tiän	süß
tàng/rè	tang/shé	heiß
lěng	léng	kalt

110 | yì-bǎi-shí

Essen & Trinken

我不喜欢辣的。
🔊 **Wǒ bù xǐ-huān là-de.**
wo bu chi-chuan la-dė
ich nicht mögen scharf-P
Ich mag es nicht so scharf.

Süße Speisen

dòu-huā dou-chua
Gestockte Sojamilch mit Sirup
dòu-shā-bāo dou-scha-bau
Teigtaschen mit süßer Rotbohnen-Paste
bā-bǎo-fàn ba-bau-fan
Süßer Reispudding mit Lotoskernen,
kandierten Früchten, Bohnenpaste u. a.
bá-sī píng-guǒ ba-ßi ping-guo In heißem Öl
kandierte Äpfel
nián-gāo niän-gau
Neujahrskuchen aus klebrigem Reismehl
dàn-gāo dan-gau Torte
diǎn-xīn diän-chin Gebäck
bīng-qí-lín bing-tji-lin Eis(creme)

Frühstück

In vielen Hotels (ab drei Sternen) und den Touristenzentren bekommt man mittlerweile ein akzeptables westliches Frühstück. Probieren Sie aber auch einmal das chinesische Frühstück, bestehend aus einer Suppe (Reis, Hirse u. Ä.), Teigwaren (gedämpft, gebraten, frittiert), gesalzenem, eingelegtem Gemüse und anderen Zutaten. Ein Versuch lohnt sich!

Das zweite, bewegliche Stäbchen wird von Daumen und Zeigefinger gehalten. Die Spitzen beider Stäbchen müssen auf gleicher Höhe sein.

Um das Essen aufzunehmen, führt man mit den Stäbchen eine Zangenbewegung aus, indem man das erste Stäbchen ruhig hält und nur das zweite bewegt.

Essen & Trinken

miàn-bāo	miän-bau	Brot
huáng-yóu	~~chuang~~-you	Butter
(zhǔ-)jī-dàn	(dshu) dji-dan	(gekochtes) Ei
jiān jī-dàn	djiän dji-dan	Spiegelei
chǎo jī-dàn	tschau dji-dan	Rührei
suān-nǎi	ßuan-nai	Jogurt
guǒ-jiàng	guo-djiang	Marmelade
xī-fàn	chi-fan	Reisbrei
yóu-tiáo	you-tiau	fritierte Teigstange

Banketts haben in China eine lange Tradition. Zunächst wird an einem großen Tisch Tee getrunken und geplaudert. Dann nehmen alle am runden Tisch Platz. Dort sitzt der Gastgeber mit dem Gesicht zur Tür und bedient mit einem gesonderten Paar Essstäbchen die Gäste rechts und links von sich.

Hǎo chī ma?
~~chau~~ tschi ma
gut essen FP
Wie schmeckt es?

Fēi-cháng hǎo chī.
fäi-tschang ~~chau~~ tschi
besonders gut essen
Schmeckt ausgezeichnet.

Zhè dùn fàn chī-de hěn hǎo.
dshé dun fan tschi-dé ~~chén~~ chau
dies Mal Essen essen(-Verg.) sehr gut
Das Essen war sehr gut.

请结帐!

Qǐng jié-zhàng!
tjing djiä-dshang
bitten Rechnung
Die Rechnung, bitte!

请买单!

Qǐng mǎi-dàn!
tjing mai-dan
bitten kaufen-Rechnung
Zahlen, bitte!

Falls Sie jedoch noch etwas brauchen:

请给我。。。

Qǐng gěi wǒ ...
tjing gäi wo
bitten geben ich
Bringen Sie mir bitte ...

112 | yì-bǎi-shí-èr

Essen & Trinken

píng	ping	Flasche
guàn-tou	guan-tou	Dose
bó-lí-bēi	bo-li-bäi	Glas
tāng-sháo	tang-schau	Schöpflöffel
kuài-zi	kuai-dsɨ	Essstäbchen
sháo-zi	schau-dsɨ	Löffel
chā-zi	tscha-dsɨ	Gabel
dāo-zi	dau-dsɨ	Messer
pán-zi	pan-dsɨ	Teller
wǎn	wan	Schälchen

Getränke

Chinesen trinken im Allgemeinen Tee oder heißes Wasser. In Großstädten und touristischen Zentren ist Kaffee erhältlich.

kāi-shuǐ	kai-schöi	abgekochtes Wasser
(kuàng-quán-)shuǐ	(kuang-tjüan-)schöi	(Mineral-) Wasser
guǒ-zhī	guo-dshɨ	Fruchtsaft
jú-zi-zhī	djü-dsi-dshɨ	Orangensaft
jú-zi-shuǐ	djü-dsi-schöi	Orangenlimonade
qì-shuǐ	tji-schöi	Limonade
kě-lè	kë-lë	Coca-Cola
chá	tscha	Tee
lǜ-chá	lü tscha	grüner Tee
hóng chá	~~chung~~ tscha	schwarzer Tee
(mò-li) huā chá	(mo-li) ~~chua~~ tscha	Jasmintee
kā-fēi	ka-fäi	Kaffee
kě-kě	kë-kë	Kakao
jiā niú-nǎi	djia niu-nai	mit Milch
jiā bái-táng	djia bai-tang	mit Zucker

In chinesischen Schriftzeichen sieht „Coca-Cola" so aus: 可口可乐 und bedeutet wörtlich so viel wie „schmeckt köstlich – macht Freude". Doch wohl eine ideale Übersetzung des Produktnamens?

yì-bǎi-shí-sān | **113**

Essen & Trinken

请再来一瓶/杯啤酒。
Qǐng zài lái yì píng/bēi píjiǔ.
tjing dsai lai yi ping/bäi pidjiu
bitten wieder bringen eins Flasche/Glas Bier
Bitte bringen Sie noch eine Flasche/Glas Bier.

Bier ist zu einem Lieblingsgetränk in China geworden, man kann es überall bekommen. In China sind mittlerweile viele Biersorten, überregionale wie günstigere regionale (dì-fāng pí-jiǔ), importierte wie einheimische zu finden.
 Auch chinesische Rot- und Weißweine werden immer häufiger angeboten.

Handelt es sich um Fassbier nennt sich das:
shēng-pí pí-jiǔ
schěng-pi pi-djiu *oder umgangssprachlicher:*
jiā-pí pí-jiǔ
djia-pi pi-djiu.

pí-jiǔ	pi-djiu	Bier
pú-tao-jiǔ	pu-tau-djiu	Wein
huáng-jiǔ	huang-djiu	Reiswein
gān pú-tao-jiǔ	gan pu-tau-djiu	trockener Wein
hóng pú-tao-jiǔ	chung pu-tau-djiu	Rotwein
bái pú-tao-jiǔ	bai pu-tau-djiu	Weißwein
xiāng-bīn-jiǔ	chiang-bin-djiu	Sekt
bái-lán-dì-jiǔ	bai-lan-di-djiu	Brandy
wǔ-liáng-yè	wu-liang-yä	Getreidebranntwein
dà-qū	da-tjü	Getreidebranntwein
máo-tái jiǔ	mau-tai djiu	Getreidebranntwein
fēn-jiǔ	fän-djiu	Getreidebranntwein
zhú-yè-qīng	dshu-yä-tjing	Kräuterschnaps
bái jiǔ	bai djiu	Schnaps

Trinksprüche sind bei einem Bankett ein „Muss". Es wäre unhöflich zu trinken, bevor der Gastgeber auf seinen Gast einen Trinkspruch ausgebracht hat. Dieser Trinkspruch

114 yì-bǎi-shí-sì

Im Hotel

muss erwidert werden, entweder sofort oder beim nächsten Gang. Für Ausländer reicht es jedoch mit „Prost" zu antworten:

Gān bēi!
gan bäi
trocken Glas
Prost!

Zhù nín jiàn-kāng!
dshu nin djiän-kang
wünschen Sie Gesundheit
Auf Ihr Wohl!

In der Anwesenheit von Fremden trinken Chinesen gewöhnlich wenig. Sich in einer solchen Situation betrunken zu zeigen, wäre ein Unding.

Bei jedem Trinkspruch muss das Glas gehoben worden. Getrunken wird der starke chinesische Schnaps, Bier oder Wein. Man kann aber auch mit Limonade oder Mineralwasser zuprosten, das gilt nicht als unhöflich. (Im vertrauten Kreis bei Freunden gelten freilich ganz andere Regeln.)

Im Hotel

In der VR China gibt es Unterkünfte aller Kategorien, angefangen bei ganz einfachen Herbergen bis hin zu Luxushotels in den Großstädten. In vielen größeren Hotels gehören Wäschewaschen, Postschalter, Geldwechsel, Frisör, Massage, Läden, Souvenirshop und Restaurants etc. zum Service.

Für Hotels gibt es verschiedene Ausdrücke: Allgemein gebräuchlich ist lǚ-guǎn oder bīn-guǎn. Für größere und große Hotels wird fàn-diàn benutzt, für kleinere Hotels oder Herbergen xiǎo lǚ-guǎn, lǚ-diàn oder jiǔ-diàn.

yì-bǎi-shí-wǔ **115**

Im Hotel

Nǎ-ge lǚ-guǎn hǎo?
na-gé lü-guan chau
welches-Stück Hotel gut
Kennen Sie ein gutes Hotel?

... lǚ-guǎn/bīn-guǎn zài nǎ-li?
... lü-guan/bin-guan dsai na-li
... Hotel/Hotel in wo
Wo ist das ...-Hotel?

有单人房间吗？

Yǒu dān-rén fáng-jiān ma?
you dan-shén fang-djiän ma
haben einzel-Mensch Zimmer FP
Ist ein Einzelzimmer frei?

我要一间双人房。

Wǒ yào yì jiān shuāng-rén fáng.
wo yau yi djiän schuang-shén fang
ich wollen eins Stück doppel-Mensch Zimmer
Ich möchte ein Doppelzimmer.

Um preiswerte Hotels zu finden, sind Taxifahrer eine gute Hilfe. In großen Hotels sind auch Schlafsäle eingerichtet, die Ausländern normalerweise nicht angeboten worden. Fragen Sie danach. Zelten ist nur auf dem Land möglich.

这间房多少钱？

Zhè jiān fáng duōshao qián?
dshe djiän fang duoschau tjiän
dies Stück Zimmer wieviel Geld
Was kostet das Zimmer?

我要一张床位。

Wǒ yào yì zhāng chuáng-wèi.
wo yau yi dshang tschuang-wäi
ich wollen eins Stück Bett-Zimmer
Ich möchte ein Bett im Schlafsaal.

116 yì-bǎi-shí-bā

Im Hotel

我预订了一个房间。
- **Wǒ yù-dìng-le yi ge fáng-jiān.**
- wo yü-di̱ng-lé yi gé fang-djiän
- *ich vorbestellen eins Stück Zimmer*
- Ich habe ein Zimmer reserviert.

还有空房间吗?
- **Hái yǒu kōng fáng-jiān ma?**
- chai you ku̱ng fang-djiän ma
- *noch haben leer Zimmer FP*
- Haben Sie noch Zimmer frei?

bié-de ...	biä-dè	*ein anderes*
dà yī-diǎn-de ...	da̱ yi-diän-dè	*ein größeres*
pián-yi yī-diǎn-de ...	piän-yi yi-diän-dè	*ein preiswerteres*
ān-jìng-de ...	an-djing-dè	*ein ruhiges*
dài yù-gāng-de ...	dai yü-gang-dè	*mit Bad*
dài lín-yù-de ...	dai li̱n-yü-dè	*mit Dusche*
dài kōng-tiáo-de ...	dai kung-tiau-dè	*mit Klimaanlage*
dài diàn-fēng-shàn-de ...	dai diän-feng-scha̱n-dè	*mit Ventilator*

我想住三天。
- **Wǒ xiǎng zhù sān tiān.**
- wo chiang dshu ßan tiän
- *ich möchten bleiben drei Tag*
- Ich möchte drei Tage bleiben.

最便宜的多少钱?
- **Zuì pián-yi de duōshao qián?**
- dsui piän-yi dè duoschau tjiän
- *am-meisten billig P wieviel Geld*
- Wie teuer ist das billigste Zimmer?

yì-bǎi-shí-qī 117

Im Hotel

Bāo-kuò zǎo-cān duōshǎo qián?
bau-kuo dsau-tsan duoschau tjiän
eingeschlossen Frühstück wie-viel Geld
Wie viel kostet es inklusive Frühstück?

Wǒ kě-yǐ kàn-kan zhè jiān fáng ma?
wo kė-yi kan-kan dshė djiän fang ma
ich dürfen sehen-sehen dies Stück Zimmer FP
Kann ich das Zimmer ansehen?

Xíng-li néng bu néng sòng-dào fáng-jiān?
ching-li néng bu néng ßung-dau fang-djiän
Gepäck können nicht können schicken Zimmer
Können Sie das Gepäck aufs Zimmer bringen?

Néng zài gěi wǒ yì tiáo tǎn-zi ma?
néng dsai gäi wo yi tiau tan-dsɨ ma
können noch geben ich ein Stück Wolldecke FP
Kann ich noch eine Wolldecke haben?

Kopfkissen	**zhěn-tou**	dshén-tou
Bettwäsche	**chuáng-shàng yòng-pǐn**	tschuang-schang yung-pin
Moskitonetz	**wén-zhàng**	wén-dshang
Moskitospirale	**wén-xiāng**	wen-chiang
Seife	**féi-zào**	fäi-dsau
Trinkwasser	**yǐn-yòng-shuǐ**	yin-yung-schui
Adapter	**diàn-qì-jiē-tóu**	diän-tji-djiä-tou
Fernseher	**diàn-shà-jī**	diän-schi-dji
Heizung	**nuǎn-qì**	nuan-tji
Licht	**dēng**	déng
Glühbirne	**dēng-pào**	déng-pau
Steckdose	**chā-zuò**	tscha-dsuo
Aufzug	**diàn-tī**	diän-ti

118 yì-bǎi-shí-bā

Im Hotel

- **Pái-shuǐ-guǎn dǔ-sái-le!**
  pai schui-guan du-sai-lê
  Abfluss verstopft
  Der Abfluss ist verstopft.

- **Cè-suǒ shuǐ-xiāng huài-le!**
  tsê-ßuo schui-chiang chuai-lê
  WC Wasserkasten kaputt
  Die Klospülung ist kaputt!

- **Zhè shì wǒ yào xǐ-de yī-fu.**
  dshê schï wo yau chi-dê yi-fu
  dies ist ich wollen waschen-P Kleidung
  Das ist meine Wäsche.

  这件要干洗。
- **Zhè jiàn yào gān-xǐ.**
  dsh djiän yaui gan-chi
  dies Stück wollen trocken-waschen
  Das muss gereinigt werden.

  这些衣服我要洗一洗并且烫一下。
- **Zhè-xiē yī-fu wǒ yào xǐ-yì-xǐ bìng-qiě tàng yí-xià.**
  dshê-chiä yi-fu wo yau chi-yi-chi bing-tjiä tang yi-chia
  dies-einige Kleider ich wollen waschen-eins-waschen und bügeln eins-mal
  Waschen und bügeln Sie mir dies bitte!

- **Qǐng gěi wǒ ... hào fáng-jiān-de yào-shi!**
  tjing gäi wo ... chau fang-djiän-de yau-schï
  bitten geben ich ... Nummer Zimmer-P Schlüssel
  Bitte geben Sie mir den Schlüssel von Zimmer Nr. ...!

Ein Wort zur Elektrizität (220 V, 50 Hz). Manchmal trifft man auf Dreipolstecker oder sehr schmale Buchsen. Dafür benötigt man Zwischenstecker. Man kann Adapter für die amerikanische Norm benutzen, oder aber von vorneherein nur batteriebetriebene Geräte mitnehmen.

yì-bǎi-shí-jiǔ | 119

Im Hotel

In den Hotels gibt es Räume zum Aufbewahren des Gepäcks. Das ist sehr praktisch, wenn man für einige Tage einen Abstecher in die nähere Umgebung machen oder vielleicht nur eine Nacht wegbleiben will.

Wǒ kě-yǐ bǎ wǒde xíng-li fàng zài zhè-li ma?
wo kë-yi ba wodë ching-li fang dsai dshë-li ma
ich dürfen nehmen mein Gepäck Zimmer in hier FP
Darf ich mein Gepäck hierlassen?

Wǒ zhǐ chū-qù yí yè.
wo dshï tschu-tjü yi yë
ich nur aus-gehen eine Nacht
Ich bin nur eine Nacht weg.

Cān-tīng zài nǎli?
tsan-ting dsai nali
Speisesaal sich befinden wo
Wo ist der Speisesaal?

Yǒu rén gěi wǒ liú-yán ma?
you shën gäi wo liu-yän ma
haben Menschen geben ich Nachricht FP
Ist eine Nachricht für mich da?

Yǒu bǎo-xiān-xiāng ma?
you bau-chiän-chiang ma
haben Safe FP
Gibt es einen Safe?

In Hotels wird in der chinesischen Währung Renminbi (RMB) bezahlt. Fremdwährung in bar und Travellerschecks können in vielen, aber bei weitem nicht bei allen Hotels eingesetzt werden.

Wǒ míng-tiān zǒu.
wo ming-tiän dsou
ich morgen gehen
Ich reise morgen ab.

Qǐng bāng wǒ jié-zhàng.
tjing bang wo djiä-dshang
bitten helfen ich rechnen
Die Rechnung, bitte.

Néng yòng xìn-yòng-kǎ ma?
nèng yung chin-yung-ka ma
können benutzen Kreditkarte FP
Akzeptieren Sie Kreditkarten?

120 yì-bǎi-èr-shí

Toilette

In vielen Toiletten haben sich die zuvor miserablen Bedingungen verbessert: In vielen Großstädten gibt es heute zunehmend akzeptable öffentliche Toiletten, in der Altstadt jedoch meist nur altmodische öffentliche Toiletten, wie sie auch auf dem Lande üblich sind.

Wenn man unterwegs ist, kann man auch irgendein Hotel suchen, um dort die Toilette zu benutzen.
Auch viele Kaufhäuser, Einkaufszentren etc. haben Toiletten.

nǚ cè-suǒ
nü tsë-ßuo
weibliche Toilette
Damen

男厕所

nán cè-suǒ
nan tsë-ßuo
männliche Toilette
Herren

没人

méi-rén
mäi-shén
nicht-Mensch
frei

有人

yǒu-rén
you-shén
haben-Mensch
besetzt

Im Restaurant kann man auch mit den Ausdrücken
xǐ-shǒu-jiān
chi-schou-djiän
(wörtlich: waschen-Hände-Raum)
oder
wei-shēng-jiān
wäi-schéng-djiän
(wörtlich: Hygiene-Raum)
nach der Toilette fragen.

厕所在哪里?

Cè-suǒ zài nǎ-li?
tsë-ßuo dsai na-li
Toilette sich-befinden wo
Wo ist die Toilette?

有卫生纸吗?

Yǒu wèi-shēng-zhǐ ma?
you wäi-schéng-dshi ma
haben Hygiene-Papier FP
Gibt es Klopapier?

我得去一趟厕所。

Wǒ děi qù yí-tàng cè-suǒ.
wo däi tjü yi-tang tsë-ßuo
ich müssen gehen eins-mal Toilette
Ich muss mal auf Toilette gehen.

yì-bǎi-èr-shí-yī **121**

Auf dem Amt

Für Erledigungen auf Ämtern sollten Sie immer viel Zeit mitbringen und stets höflich und gelassen bleiben! Mit Schreien, Drohungen und dergleichen ist nichts zu erreichen. Trinkgelder, Schmiergelder sollten unterbleiben.

Die folgende Antwort sollte man verstehen können; manchmal ist dies ein ablehnender Bescheid, der nur höflich formuliert wurde:

Kǎolǔ-kǎolǔ.

kaulü-kaulü

Wir werden mal überlegen.

Pass	**hù-zhào**	chu-dshau
Passkontrolle	**hù-zhào jiǎn-chá**	chu-dshau djiän-tscha
Gültigkeit verlängern	**yán-cháng yǒu-xiào-qì**	yän-tschang you-chiau-tji
Zollerklärung	**shēn-bào guān-shuì**	schén-bau guan-schui
Zollkontrolle	**hǎi-guān jiǎn-chá**	chai-guan djiän-tscha
Ausreisevisum	**chū-jìng qiān-zhèng**	tschu-djing tjiän-dshèng
Einreisevisum	**rù-jìng qiān-zhèng**	shu-djing tjiän-dshèng
Konsulat	**lǐng-shì-guǎn**	ling-schi-guan
Botschaft	**dà-shǐ-guǎn**	da-schi-guan
Ausländerabteilung	**wài-shì-chù**	wai-schi-tschu

公安局在哪里?

Gōng-ān-jú zài nǎ-li?

gung-an-djü dsai na-li

öffentlich-Frieden-Amt sich-befinden wo

Wo ist die Polizeibehörde?

Auf dem Amt

我要填这张表吗?

Wǒ yào tián zhè zhāng biǎo ma?

wo yau tiän dshė dshang biau ma

ich müssen ausfüllen dies Stück Formular FP

Muss ich dieses Formular ausfüllen?

我来这里度假。

Wǒ lái zhè-li dù jià.

wo lai dshė-li du djia

ich herkommen hier verbringen Urlaub

Ich bin hier in Urlaub.

我要延长我的签证。

Wǒ yào yán-cháng wǒde qiān-zhèng.

wo yau yan-tschang wodė tjiän-dshèng

ich wollen verlängern mein Visum

Ich möchte mein Visum verlängern.

dào liǎng xīngqī

dau liang chingtji

für zwei Wochen

für zwei Wochen

... dào yǐ-xià dì-fāng qù de lǚ-yóu zhèng: ...

dau yi-chia di-fang tjü d lü-you dshèng

gehen folgende Ort hingehen P Tourismus Bescheinigung

... für die folgenden Orte: ...

Wǒde hù-zhào diū-le.

wodė ~~chu~~-dshau diu-lė

mein Pass verlieren(-Verg.)

Ich habe meinen Pass verloren.

yì-bǎi-èr-shí-sān **123**

Bank, Post & Telefon

Die chinesische Währung, der rén-mín-bì (Volksgeld), hat drei Einheiten: Yuán yüän, Jiǎo djiau und Fen fén. Ein Yuán hat 10 Jiǎo oder 100 Fen. 1 Jiǎo hat 10 Fen. In der Umgangssprache sagt man Kuài anstelle von Yuán und Máo anstelle von Jiǎo.

In der gesprochenen Sprache werden die Bezeichnungen máo *oder* fen *und der Zusatz* qián *(Geld) meistens weggelassen.*

yī kuài (qián)	= 1 Yuan
yī máo (qián)	= 1 Jiao
yī kuài wǔ (máo)	= 1,50 Yuan
sān kuài sān máo jiǔ	= 3,39 Yuan
wǔ fen	= 0,05 Yuan
èr-shí-wǔ kuài ba máo	= 25,80 Yuan
wǔ máo	= 0,5 Yuan

Bank

Mit Kreditkarten kann man bei Filialen z. B. der Citic Bank Bargeld bekommen oder auch bei Zentralstellen der Bank of China. Telegrafische Geldüberweisungen aus dem Ausland sind ebenfalls möglich auf eine Filiale der Bank of China.

Größere Hotels haben eigene Schalter der Bank of China. Geld tauschen können dort allerdings häufig nur die eigenen Hotelgäste.

Yín-háng zài nǎ-li?
yin-chang dsai nǎ-li
Bank sich-befinden wo
Wo ist die Bank?

Wǒ yǒu lǚ-xíng zhī-piào. 🎵
wo you lǚ-ching dshi-piau
ich haben Reise Scheck
Ich habe Reiseschecks.

Wǒ zài nǎ-li kě-yǐ huàn qián? 🎵
wo dsai nǎ-li kě-yi chuan tjiän
ich in wo können wechseln Geld
Wo kann ich Geld umtauschen?

124 yì-bǎi-èr-shí-sì

Bank, Post & Telefon

duì-huàn-chù	dŏi-chuan-tschu	Wechselstube
zhī-chū	dshi-tschu	auszahlen
huò-bì	chuo-bi	Währung
huì-lǜ	dui-chuan-lü	Wechselkurs
ōu-yuán	ou-yüän	Euro
ruìshì fǎ-láng	shuischi fa-lang	Schweizer Franken
gǎng-bì	gang-bi	Hongkong-Dollar
měi-yuán	mäi-yüän	US-Dollar
líng-qián	ling-tjiän	Kleingeld
xiàn-jīnde	chiän-djindĕ	bar
xìn-yòng-kǎ(-hào-ma)	chin-yung-ka(-chau-ma)	Kreditkarte(nnummer)
huì-kuǎn	chui-kuan	Banküberweisung
hù-tóu	chu-tou	Bankkonto
fēi-yòng	fäi-yung	Gebühr
shōu-jù	schou-djü	Quittung

Post

Briefe und Postkarten können auf der Post
und in vielen Hotels an der Rezeption aufge-
geben werden. Auslandspakete müssen meist
vom Zentralen Postamt abgeschickt werden.

🎵 **Yóu-jú zài nǎ-li?**   **Zhè fēng xìn jì ...**
you-djü dsai na-li   dshě fèng chin dji
Postamt sich-befinden wo *dies Stück Brief schicken*
Wo ist das Postamt?   Diesen Brief per ...

háng-kōng	chang-kung	Luftpost
lù-lù	lu-lu	Landweg
hǎi-yùn	chai-yün	Seeweg
tè-kuài	té-kuai	Express
guà-hào	gua-chau	Einschreiben

yì-bǎi-èr-shí-wǔ **125**

Bank, Post & Telefon

Zentrales Postamt	**yóu-zhèng zǒng-jú**	you-dshéng dsung-djü
Briefmarke	**yóu-piào**	you-pi̱au
Briefumschlag	**xìn-fēng**	chin-féng
Zollerklärung	**shēn-bào guān-shuì**	schén-bau gu̱an-schui
Paketklebeband	**yóu-bāo jiāo-dai**	you-bau djiau-dai
Absender	**fā-xìn-rén**	fa-chin-shén
Adresse	**dì-zhǐ**	di-dsh**i**
Wertpaket	**bǎo-jià yóu-bāo**	bau-djia y**o**u-bau

这封信 / 张明信片寄。。。

Zhè fēng xìn / zhāng míng-xìn-piàn jì ...
dshè-féng-chin / dshang ming-chin-pi̱än dji
dies Blatt Brief / Blatt Postkarte schicken
Diese(r) Brief / Postkarte geht nach ...

这个小 / 包裹寄。。。

Zhè-ge xiǎo-bāo / bāo-guǒ jì ...
dshè-gé chi̱au-bau / bau-guo dji
dies-Stück Päckchen / Paket schicken
Dieses Päckchen / Paket geht nach ...

德国	**Déguó**	déguo	Deutschland
奥地利	**Àodìlì**	a̱udili	Österreich
瑞士	**Ruìshì**	Shuischi̱	Schweiz
荷兰	**Hélán**	chélan	Niederlande
比利时	**Bǐlìshí**	bilishi̱	Belgien
卢森堡	**Lúsēnbǎo**	lusénbau	Luxemburg

要多少钱?

Yào duōshao qián?
yau duoschau tji̱än
wollen wie-viel Geld
Was kostet es?

126 | yì-bǎi-èr-shí-liù

Bank, Post & Telefon

请给我一张电报单！
Qǐng gěi wǒ yì zhāng diàn-bào-dan!
tjing gǎi wo yi dshang diän-bau-dan
bitten geben ich ein Stück elektrisch-tragen-Papier
Ein Telegrammformular, bitte!

我想往。。。发一个传真。
◉ **Wǒ xiǎng wǎng ... fā yí ge chuán-zhēn.**
wo chiang wang ... fa yi gě tschuan-dshēn
ich möchten nach ... schicken eins Stück Fax
Ich möchte ein Fax nach ... schicken.

Telegramme ins Ausland können auf Postämtern oder in großen Hotels aufgegeben werden. Sie sind verhältnismäßig teuer.

Telefon

In größeren Städten gibt es überall Telefonier-
läden, aber auch schon Telefonzellen, die
meist mit Telefonkarten funktionieren. Von
vielen Hotels aus kann man problemlos ins
Ausland telefonieren.

一个到。。。的长途电话。
Yí ge dào ... de cháng-tú diàn-huà.
yi gě dau ... dé tschang-tu diän-chua
ein Stück gehen ... P große-Entfernung Telefon
Ein Ferngespräch nach ...

diàn-huà-kǎ	diän-chua-kǎ	*Telefonkarte*
diàn-huà-fēi	diän-chua-fäi	*Telefongebühr*
guó-jī zhí-bò diàn-huà	guo-dji dshí-bo diän-chua	*IDD-Call*
shǒu-jī diàn-huà	schou-dji diän-chua	*Mobiltelefon*
diàn-huà hào-mǎ	diän-chua chau-ma	*Telefonnummer*
zhàn-xiàn	dshan-chiän	*besetzt*
dǎ bù-tōng	da bu-tung	*nicht durchkommen*

yì-bǎi-èr-shí-qī **127**

Bank, Post & Telefon

Die IP Card ist eine Telefonkarte, die das Telefonieren zu Hause billiger macht. Die IC Card ist für Telefonzellen bestimmt und damit kann man auch ins Ausland telefonieren.

我要打电话!
Wǒ yào dǎ diàn-huà!
wo yau da diän-chua!
ich wollen rufen Telefon
Ich möchte telefonieren!

往德国打电话要多少钱?
Wǎng dé-guó dǎ diàn-huà yào duōshao qián?
wang de-guo da diän-chua duoschau tjiän
nach Deutschland rufen Telefon wollen wie-viel Geld
Was kostet ein Telefonat nach Deutschland?

Bei Nennung einer Telefonnummer werden die einzelnen Ziffern nacheinander gelesen.

Qǐng-wèn ... nǚ-shì/xiān-sheng zài ma?
tjing-wèn ... nü-schi/chiän-schēng dsai ma
bitten-fragen ... Frau/Herr sich-befinden FP
Bitte ist Frau/Herr ... da?

Chinesen melden sich am Telefon mit: **wéi** wäi *„Hallo!".*

Nǐ shì nǎ-li?   **Wǒ xìng ...**
ni schi na-li   wo ching
du sein wo   *ich Familienname*
Wer ist denn dort?   Mein Name ist ...

Qǐng zài shuō yí-bian!
tjing dsai schuo yi-biän
bitten wieder sprechen eins-Mal
Bitte wiederholen Sie!

Qǐng ràng ... nǚ-shì/xiān-sheng gěi wǒ dǎ diàn-huà?
tjing shang ... nü-schi/chiän-schēng gäi wo da diän-chua
bitten lassen ... Frau/Herr geben ich rufen Telefon
Kann Frau/Herr ... mich mal anrufen?

Bank, Post & Telefon

Wǒ yǐ-hòu zài dǎ diàn-huà gěi tā.
wo yi-chou dsai da diän-chua gäi ta
ich später wieder rufen Telefon geben sie/er
Ich rufe sie/ihn später noch einmal an.

Internet

Im Hotel können Sie meist im Business-Center – **shàng-wu zhōng-xīn** schang-wu dshung-chin ins Internet, aber dort ist es recht teuer!

yīn-tè-wǎng	yin-tè-wang	Internet
diàn-nǎo	diän-nau	Computer
diàn-zǐ yóu-jiān	diän-dsi you-djiän	E-Mail
wǎng-bā	wang-ba	Internet-Cafe

我要上网去。可以吗?

Wǒ yào shàng-wǎng qù. Kě-yǐ ma?
wo yau schang-wang tjü kè-yi ma
ich wollen eintreten-Netz gehen können FP
Ich will ins Internet gehen. Geht das hier?

*Mobiltelefone sind auch in China auf dem Vormarsch.
Fragen Sie bei Ihrem Vertragspartner nach, ob Sie Ihres auch in China einsetzen können.*

In den Großstädten, vielen kleineren Städten und touristischen Zentren gibt es Internetcafés, die allerdings offiziell verboten sind.

Krank sein

Es gibt Krankenhäuser für westliche (xī-yī-yuàn) und für traditionelle chinesische Medizin (zhōng-yī-yuàn). Eine Behandlung nach traditioneller chinesischer Medizin muss man eigens verlangen, wenn man z. B. Akupunktur (zhēn-jiǔ) oder Qi-Gōng wünscht.

In den Großstädten und Touristenzentren gibt es gut ausgebildete Ärzte, die den Umgang mit Ausländern – auch auf Englisch – gewohnt sind. Daneben gibt es medizinische Einrichtungen für Ausländer, wie z. B. die private Deutsch-Chinesische Poliklinik in Beijing (teuer!). Aber Vorsicht: Die Hygiene lässt immer wieder zu wünschen übrig. In den letzten Jahren hat es vereinzelt Probleme mit Blutkonserven (u. a. wegen AIDS) gegeben. Im Notfall also besser ausfliegen lassen!

我要看医生。
Wǒ yào kàn yī-shēng.
wo yau kan yi-schéng
ich wollen sehen Arzt
Ich brauche einen Arzt.

我怀孕了。
Wǒ huái-yùn-le.
wo chuai-yün-lê
ich schwanger(-Verg.)
Ich bin schwanger.

有中药吗?
Yǒu zhōng-yào ma?
you dshung-yau ma
haben chinesisch-Medizin FP
Gibt es ein traditionelles Heilmittel?

请您把我送到医院。
Qǐng nín bǎ wǒ sòng dào yī-yuàn.
tjing nin ba wo ßung dau yi-yüän
bitten Sie nehmen ich bringen ankommen Krankenhaus
Bitte bringen Sie mich ins Krankenhaus.

Krank sein

我是糖尿病患者。

Wǒ shì táng-niào-bìng huàn-zhě.

wo schi tang-niau-bing chuan-dshé

ich bin Diabetes- Kranker

Ich bin Diabetiker.

你哪里不舒服?　　我这里痛。

Nǐ nǎ-li bù shū-fu?　　**Wǒ (zhè-li) tòng.**

ni na-li bu schu-fu　　wo (dshé-li) tung

du wo nicht bequem　　*ich (hier) Schmerzen*

Was haben Sie?　　Mir tut (es hier) weh.

Für die Organe auf die man nicht zeigen kann, hier eine kleine Liste zum einsetzen:

dù-zi	du-dsï	Bauch
páng-guāng	pang-guang	(Harn-)Blase
xiōng	schiung	Brust
cháng-zi	tschang-dsï	Darm
guān-jié	guan-djiä	Gelenk
xìng-qì-guān	ching-tji-guan	Genitalien
xīn-zàng	chin-dsang	Herz
hé	~~ché~~	Kiefer
gú-tou	gu-tou	Knochen
shēn-tǐ	schén-ti	Körper
gān-zàng	gan-dsang	Leber
fèi	fäi	Lunge
wèi	wäi	Magen
jī-ròu	dji-rou	Muskel
bí-dòu	bi-dou	Nebenhöhle
shèn-zàng	schén-dsang	Niere
yá-chǐ	ya-tjï	Zahn
shé-tou	schè-tou	Zunge

yì-bǎi-sān-shí-yī | **131**

Krank sein

In den Großstädten und einigen Provinzen, z. B. Yunnan, nimmt der Drogenkonsum zu. Dieser ist aber strengstens verboten und – Ausländer oder nicht – die Gefängnisstrafen sind sehr hart!

我病了。
Wǒ bìng-le.
wo bing-lë
ich krank(-Verg.)
Ich bin krank.

我发烧了。
Wǒ fā-shāo-le.
wo fa-schau-lë
ich entstehen-Fieber(-Verg.)
Ich habe Fieber.

我恶心。
Wǒ ě-xīn.
wo ë-chin
ich übel
Mir ist schlecht.

我感冒了。
Wǒ gǎn-mào-le.
wo gan-mau-lë
ich Erkältung(-Verg.)
Ich habe mich erkältet.

我吐了。
Wǒ tù-le.
wo tu-lë
ich erbrechen(-Verg.)
Ich habe mich übergeben.

我。。。
Wǒ ...
wo
ich
Ich habe ...

过敏	**guò-mǐn**	guo-min	Allergie
呼吸困难	**hū-xī kùn-nan**	chu-chi kun-nan	Atembeschwerd.
肚胀	**dù-zhàng**	du-dshang	Blähungen
泻肚	**xiè-dù**	chiä-du	Durchfall
发炎	**fā-yán**	fa-yän	Entzündung
嗓子疼	**sǎng-zi tòng**	ßang-dsi-tung	Halsschmerzen
咳嗽	**ké-sou**	kë-ßou	Husten
骨折	**gǔ-zhé**	gu-dshë	Knochenbruch
头痛	**tóu-tòng**	tou-tung	Kopfschmerzen
背痛	**bèi-tòng**	bäi-tung	Rückenschmerz.
头晕	**tóu-yūn**	tou-yün	Schwindel
鼻窦炎	**bí-dòu-yán**	bi-dou-yän	Sinusitis
烫伤	**tàng-shāng**	tang-schang	Verbrennung
中毒	**zhòng-dú**	dshung-du	Vergiftung
便秘	**biàn-bì**	biän-bi	Verstopfung

Krank sein

Dé-le ...
dé-lè
bekommen(-Verg.)
Ich habe ...

qì-chuǎn	tji-tschuan	Asthma	气喘
gāo-xuè-yā	gau-chüä-ya	Bluthochdruck	高血压
dī-xuè-yā	di-chüä-ya	Blutdruck (tief)	低血压
huò-luàn	chuo-luan	Cholera	霍乱
táng-niào-bìng	tang-niau-bing	Diabetes	糖尿病
bái-hóu	bai-chou	Diphterie	白喉
huáng-dǎn	chuang-dan	Gelbsucht	黄胆
xīn-jī gěng-sè	chin-dji gěng-ßè	Herzinfarkt	心肌梗塞
jiǎo-tòng	dshiau-tung	Kolik	绞痛
jìng-luán	djing-luan	Krampf	痉挛

我给破伤风接种了。

🔊 **Wǒ gěi pò-shāng-fēng jiē-zhòng-le.**
wo gäi po-schang-féng djiä-dshung-lé
ich geben Tetanus impfen-(Verg.)
Ich bin gegen Tetanus geimpft.

我要一次性使用注射器。

🔊 **Wǒ yào yi-cì xìng-shǐ-yòng zhù-shè-qì!**
wo yau yi-tsɨ ching-schɨ-yung dshu-schè-tji
ich wollen eins-mal benutzen Spritze
Verwenden Sie bitte eine Einwegspritze!

xuè-xíng	chüä-ching	Blutgruppe
xuè-xiàng	chüä-chiang	Blutbild
dǎ-zhēn	da-dshèn	Injektion
niào-jiǎn-chá	niau-djiän-tscha	Urinprobe
shǒu-shù	schou-schu	Operation

yì-bǎi-sān-shí-sān **133**

Krank sein

我需要一张诊断书和。。。

Wǒ xū-yào yì zhāng zhěn-duàn-shū hé ...

wo chü-yau yi dshang dshèn-duan-schu ehe

und ich brauchen ein Stück Diagnose

Ich brauche eine ausführliche Diagnose und ...

。。。一张发票给我的保险公司。

... yì zhāng fā piào gěi wǒde bǎo-xiǎn-gōng-sī.

yi dshang fa piau gäi wodė bau-chiän-gungsi

ein Stück Quittung für meine Krankenversicherung

... eine Quittung für die Krankenversicherung.

beim Zahnarzt

哪里有牙科大夫?

Nǎ-li yǒu yá-kē dài-fu?

na-li you ya-kė dai-fu

wo haben Zahn-Fach Arzt

Wo gibt es hier einen Zahnarzt?

请给我打麻药。

Qǐng gěi wǒ dǎ má-yào.

tjing gäi wo da ma-yau

bitte geben ich spritzen Betäubung

Bitte geben Sie mir eine Betäubung.

in der Apotheke

In der Apotheke gibt es meist zwei Abteilungen, eine für westliche und eine für traditionelle chinesische Medizin. In Letzterer ist oft ein Arzt, der dort Pulsdiagnose betreibt und Medikamente verordnet.

Krank sein

最近的药店在哪里?

Zuì jìn de yào-diàn zài nǎ-li?

dsui djin dě yau-diän dsai na-li

meist nah P Apotheke sich-befinden wo

Wo ist die nächste Apotheke?

我需要(一包)。。。

Wǒ xū-yào (yi-bao) ...

wo chü-yau (yi-bau)

ich wollen (ein-Paket)

Ich brauche (ein Päckchen) ...

Gegen Erkältung, Durchfall, Verstopfung gibt es in China ausgezeichnete traditionelle Kräuter-Heilmittel.

xiè-yào	chiä-yau	Abführmittel	泻药
kàng-jūn-sù	kang-djün-ßu	Antibiotikum	抗菌素
ā-sī-pī-lín	a-ßi-pi-lin	Aspirin	阿斯匹林
zhōng-yào	dshung-yau	chinesische Medizin	中药
yuè-jīng-dài	yüä-djing-dai	Damenbinden	月经带
xiāo-dú-jì	chiau-du-dji	Desinfektionsmittel	消毒剂
guàn-cháng	guan-tschang	Einlauf	灌肠
tǐ-wēn-biǎo	ti-wēn-biau	Fieberthermometer	体温表
xiàng-pí-gāo	chiang-pi-gau	Heftpflaster	橡皮膏
zhǐ-ké táng-jiāng	dshi-kè tang-djiang	Hustensaft	止咳糖浆
bì-yùn-tào	bi-yün-tau	Kondom	避孕套
yóu-gāo	you-gau	Salbe	油膏
zhèn-tòng-jì	dshén-tung-dji	Schmerztabletten	镇痛剂
yào-piàn	yau-piän	Tablette	药片
yào-shuǐ	yau-schui	Tropfen	药水
fán-shì-lín	fan-schi-lin	Vaseline	凡士林
jí-jiù yào-bāo	dji-djiu yau-bau	Verbandszeug	急救药包
mián-huā	miä-chua	Watte	棉花
xiāo-yán-gāo	chiau-yän-gau	Wundsalbe	消炎膏
shuān-jì	schuan-dji	Zäpfchen	拴剂

yì-bǎi-sān-shí-wǔ **135**

Dringende Hilferufe

Wenn Sie in Not geraten, hier die wichtigsten Hilferufe in Wort und Schrift:

Die Kriminalität in der VR China nimmt zu. Somit ist Vorsicht geboten in U-Bahnen, auf öffentlichen Plätzen, kurz überall, wo Gedränge herrscht!

我受伤了。
Wǒ shòu shāng-le.
wo schou schang-lê
Ich bin verletzt.

我遇上事故了。
Wǒ yù-shàng shì-gù-le.
wo yü-schang schi-gu-lê
Ich hatte einen Unfall.

请叫一辆救护车/医生/警察！
Qǐng jiào yí liàng jiù-hù-chē / yī-shēng / jǐng-chá!
tjing djau yi liang djiu-chu-tshê / yi-schêng / djing-tscha
Bitte rufen Sie einen Krankenwagen / einen Arzt / die Polizei.

我被蛇咬了。
Wǒ bēi shé yǎo-le.
wo bäi schê yau lê
Ich wurde von einer Schlange gebissen.

请帮我一下。
Qǐng bāng wǒ yí-xia.
tjing bang wo yi-chia
Helfen Sie mir bitte.

请送我去医院/警察分局。
Qǐng sòng wǒ qù yī-yuàn / jǐng-chá fēn-jú.
tjing sung wo tjü yi-yüän / djing-tscha fên-djü
Bitte bringen Sie mich ins Krankenhaus / zur Polizeistation.

Dringende Hilferufe

去医院/饭店怎么走？
- **Qù yī-yuàn / fàn-diàn zěnme zǒu?**
tjü yi-yüän / fan-diän dsénmé dsou
Wie komme ich ins Krankenhaus / zum Hotel?

有小偷！
- **Yǒu xiǎo-tōu!**
you chiau-tou
haben Dieb
Da ist ein Dieb!

我的钱包/手表被偷了。
- **Wǒde qián-bāo/shǒu-biǎo bèi tōu-le!**
wodé tjián-bau/schou-biau bäi tou-lé
meine Geldbörse/Uhr werden klauen-(Verg.)
Meine Geldbörse/Uhr wurde geklaut!

yī-bǎi-sān-shí-qī 137

Literaturhinweise

Diese Bücher und Schriften sind nicht über den Reise Know-How Verlag erhältlich. Bitte wenden Sie sich an Ihre Buchhandlung!

Wer jetzt weitergehend Chinesisch oder Näheres über China lernen möchte, dem seien folgende Bücher empfohlen:

Handwörterbuch Deutsch–Chinesisch/Chinesisch–Deutsch, The Commercial Press Peking & Langenscheidt München, 2001 – *mit Pinyin und Schriftzeichen*

Zhao Tang Shou: Handwörterbuch der Gegenwartssprache, Deutsch-Chinesisch, Chinesisch-Deutsch, Peking University Press 1992, ISBN 3-925067-22-1 – *komplett mit chinesischen Schriftzeichen und Hanyu Pinyin*

Chinesisch-Deutsches Lernwörterbuch, Andreas Guder-Manitius, Verlag Ute Schiller 1991, ISBN 3-925067-12-4 – *die häufigsten Schriftzeichen und wichtigsten Wörter mit denen man etwa 95% eines Textes lesen kann!*

Chinesisch effizient, Der Weg zur chinesischen Sprache in vier Bänden, Marie-Luise Beppler-Lie und Wu Jianhong, IKO-Verlag für Interkulturelle Kommunikation, Frankfurt 1999 – *dazu gibt es auch CDs*

Kauderwelsch-Sprechführer

Leute kennen lernen und einfach loslegen: Sprechen

«Wort-für-Wort»
Einen ersten Einblick in die Sprache gewinnen, um die wichtigsten Situationen meistern zu können.

«Slang»:
Die authentische Umgangssprache kennen lernen.

«Dialekt»:
heimische Mundarten von Platt bis Bairisch, von Wienerisch bis Schwiizertüütsch.

«Deutsch für Ausländer»:
Das einfache Kauderwelsch-System auch für unsere Gäste.

«AusspracheTrainer» auf Audio-CD
gibt es zu vielen Sprachführern. Sie werden die „Begleitkassetten" in den nächsten Jahren ablösen.

«Kauderwelsch DIGITAL»
Komplett digitalisierte Kauderwelsch-Bände zum Lernen am PC. Alle fremdsprachlichen Wörter werden auf Mausklick vorgesprochen, Bonus auf der CD-ROM: der AusspracheTrainer – auch für Ihr Audioabspielgerät.

Über 190 Bände, mehr als 100 Sprachen
Eine Übersicht über alle Kauderwelsch-Produkte finden Sie unter

www.reise-know-how.de

yī-bǎi-sān-shí-jiǔ | 139

Wörterliste Deutsch – Chinesisch

Die Wörterlisten enthalten jeweils ca. 1000 Einträge, mit denen Sie schon eine Menge anfangen können.

In der Chinesisch-Deutschen Liste ist alles nach dem deutschen Alphabet geordnet, damit Sie sich schnell zurechtfinden.

A

Abendessen wǎn-fàn; wǎn-cān
abends wǎn-shang
aber kě-shì; dàn-shì
abfahren kāi-chē
Abfahrt kāi-chē
Abflug qǐ-fēi
abreisen dòng-shēn chū-fā
Absender fā-xìn-rén
Abteil (vom Zug) chē-xiāng
Adapter diàn-qì-jiē-tóu
Adresse dì-zhǐ
AIDS ài-zī-bìng
Akupunktur zhēn-jiǔ
alle suǒ-yǒude
allein dān-dúde
allergisch guò-mǐn
allmählich zhú-jiànde
alt (nicht jung) lǎo
alt (nicht neu) jiù
Altstadt jiù-chéng
Ananas bō-luó
Andenken jì-niàn
andere biéde; lìng-wài
angenehm shū-shìde
Angestellter zhí-yuán
Angst hài-pà
ankommen dào-dá
Ankunft dào-dá
anstrengen, sich nǔ-lì
Antibabypille bì-yùn-yào
Antiquität gǔ-dǒng; gǔ-wán
Antwort huí-dá
antworten huí-dá
Apfel píng-guǒ

Apotheke yào-diàn
Appetit wèi-kǒu
Aprikose xìng
Arbeit (allg.) gōng-zuò
Arbeit (körperl.) láo-dòng
arbeiten (allg.) gōng-zuò
arbeiten (körperl.) láo-dòng
Arbeiter gōng-rén
arm qióng
Arm shǒu-bì
Armee jūn-duì
arrangieren ān-pái
Arzt/Ärztin yī-shēng; dài-fu
Aschenbecher yān-huī-gāng
auch yě; hai
auf (oben) shàng
Aufenthalt dòu-líu
Aufführung yǎn-chū
aufhören tíng-zhǐ
Aufzug diàn-tī
Auge yǎn-jing
Ausflugsprogramm yóu-lǎn-jié-mù
Ausgang chū-kǒu
ausgezeichnet jí-hǎode
Auskunft (Stelle) wèn-xùn-chù
Ausland wài-guó
Ausländer wài-guó-rén
Ausländerabteilung wài-shì-chù
Ausreise chū-jìng
ausruhen xiū-xi
außen (draußen) zài wài-mian

140 | yī-bǎi-sì-shí

Wörterliste Deutsch – Chinesisch

Aussprache fā-yīn
aussteigen xià chē
Auto (Wagen allg.) qì-chē
Auto fahren (selbst) kāi-chē

B

baden xǐ-zǎo
Badezimmer xǐ-zǎo-jiān
Bahnhof huǒ-chē-zhàn
Bahnsteig zhàn-tái
bald bù-jiǔ; hěn kuài
Bambus zhú-zi
Banane xiāng-jiāo
Bank yín-háng
Bar jiǔ-bā
Bargeld xiàn-jīn
Batterie diàn-chí
Bauch dù-zi
Bauer nóng-mín
Baum shù
Beamte(r) jī-guān zhí-yuán
beantragen shēn-qǐng
Bedeutung yì-sī; yì-yì
Bedienung fú-wù
beeilen, sich gǎn-jǐn
beenden jié-shù
Beginn kāi-shǐ
beginnen kāi-shǐ
beide (zwei) liǎng
Bein tuǐ
bekommen dé-dào
benachrichtigen tōng-zhī; gào-zhī
benötigen xū-yào
bequem shū-fu
Berg shān
Beruf zhí-yè
berühmt zhū-míngde

Beschwerde yì-jian
besetzt (Telefon) zhàn-xiàn
Besichtigung cān-guān
besonders tè-biéde
besser gèng hǎode
Besteck cān-jù
Bett chuáng
Bettwäsche chuáng-shang yòng-pǐn
bezahlen fù-qián
Bier pí-jiǔ
billig pián-yi(de)
Birne lí
bitte qǐng
bitten qǐng
Blase (Organ) páng-guāng
Blinddarmentzündung máng-cháng-yán
Blutvergiftung xuè-zhòng-dú
Botschaft (dipl.) dà-shǐ-guǎn
breit kuān
Brief xìn
Briefmarke yóu-piào
Brot miàn-bāo
Brust xiōng
Buch shū
Buddhismus fó-jiào
Buffet zì-zhù-cān
Bürste shuā-zi
Bus gōng-gòng qì-chē
Busbahnhof qì-chē-zǒng-zhàn
Bushaltestelle gōng-gòng qi-chē-zhàn
Butter huáng-yóu

C

Check-in dēng-yì
Check-out lí-diàn
Check-out-Zeit tuí-fáng-shí-jiān
chinesisch zhōng
Chinesisch (Sprache) zhōng-wén
Computer jī-suàn-jī; diàn-nǎo

D

danach hòu-lái; rán-hòu
dankbar gǎn-xiède
danke xiè-xie
dann rán-hòu
Darm cháng-zi
Dattel zǎo-zi
Datum rì-qī
Decke (Bett) tǎn-zi
Deutsch (Sprache) dé-yǔ
Devisen wài-huì
Devisenumtausch wài-bì duì-huàn-chù
Diät guī-dìng yǐn-shí
dick (Menschen) pàng
dick (Sachen) hòu
Dieb xiǎo-tōu
diese(r, -s) zhè-ge
Ding dōng-xi
doppelt shuāng
Doppelzimmer shuāng-rén fáng-jiān
Dorf cūn-zhuāng
dort nà-li
Dose guàn-tou
Dosenöffner guàn-tou-qǐ-zi

yì-bǎi-sì-shí-yī | **141**

Wörterliste Deutsch – Chinesisch

Drachenauge (Frucht)
lóng-yǎn
Droge dú-pǐn
drogensüchtig dú-yǐn
dunkel àn
dumm bèn
dünn (mager) shòu
dünn (Sachen) báo; bó
dünn (-flüssig) xī
Durchfall xiè-dù
Durst haben kǒu kě
Dusche lín-yù
Dynastie cháo-dài

E

echt zhēn-zhèngde
Ehefrau qī-zi
Ehemann zhàng-fu
Ehepaar fū-qī
Ei jī-dàn
einander hù-xiāng
einfach jiǎn-dān(de)
Eingang rù-kǒu
einkaufen mǎi dōng-xi
einladen yāo-qǐng
einloggen shàng-wǎng
einmal yí-cì
Einreise rù-jìng
einsteigen shàng chē
Eintrittskarte
rù-chǎng-quàn
Einzelzimmer
dān-rén fáng-jiān
Eisenbahn huǒ-chē
Eiskrem bīng-qí-lín
elektrisch diàn-qìde
Eltern fù-mǔ
E-Mail diàn-zǐ yóu-jiàn
Empfänger shōu-jiàn-rén

Ende jié-shù
Endhaltestelle zǒng-zhàn
Englisch (Sprache) yīng-yǔ
entscheiden jué-dìng
Entschuldigung! duì-bu-qǐ!
entweder ... oder
huò ... huò
entwickeln (Film)
chōng(-xǐ)
Erdbeben dì-zhèn
Erdbeere cǎo-méi
Erdnuss huā-shēng
erkälten, sich gǎn-mào
Erkältung gǎn-mào
erklären shuō-míng; jiě-shì
erlauben (bewilligen)
yǔn-xǔ
erlauben (einverstanden)
tóng-yì
Ermäßigung yōu-huì
erneuern (verlängern)
yán-cháng
erstens shǒu-xiān; dì-yī
erstmals shǒu-cì; dì-yī-cì
Erwachsener
chéng-nián-rén
erzählen gào-su
essen chī-fàn
Essen fàn-cài
Essen (chines.) zhōng-cān
Essen (westl.) xī-cān
Essstäbchen kuài-zi
etwa (beispielsweise) bǐ-rú
etwa (ungefähr) dà-yuē
etwa (vielleicht) yě-xǔ
etwas yì-xiē; yì-diǎn
Expresszug tè-bié kuài-chē
extrem jí-duānde; jí-dùde

F

Fabrik gōng-chǎng
Fächer shàn-zi
fahren chéng chē
Fahrkarte chē-piào
Fahrplan
xíng-shǐ shí-jiān-biǎo
Fahrpreis piào-jià
Fahrrad zì-xíng-chē
Fahrrad fahren
qí zì-xíng-chē
Fahrstuhl diàn-tī
falls rú-guǒ; jiǎ-rú
falsch (schlecht) cuò
falsch (trügerisch)
xū-wěide
falsch (unecht, künstlich)
jiǎ
Familie jiā-tíng
Familienname xìng
Farbe yán-sè
fast (beinahe) jī-hū
fast (ungefähr)
chà-bu-duō
Feld tián-dì
Fenster chuāng-hu
Ferien (Urlaub) jià-qī
Ferien verbringen dù-jià
Ferngespräch
cháng-tú diàn-huà
Fernseher diàn-shì-jī
fertig wán
Fieber fā-shāo
Film (Foto) jiāo-juǎn
Film (Kino) diàn-yǐng
finden zhǎo-dào
Finger shǒu-zhǐ
Fisch yú
Flasche píng

142　yì-bǎi-sì-shí-èr

Wörterliste Deutsch – Chinesisch

Flaschenöffner
píng-gài-qì-zi
Fleisch ròu
fliegen fēi
Flughafen fēi-jī-chǎng
Flughafengebühr
jī-chǎng-fèi
Flugplan
fēi-xíng shí-jiān-biǎo
Flugschein fēi-jī-piào
Flugzeug fēi-jī
Fluss hé; jiāng
folgen gēn; cóng
Formular biǎo-gé
Fotoapparat zhào-xiàng-jī
fotografieren zhào-xiàng
Frage wèn-tí
fragen wèn
Französisch fǎ-wén
Frau (Ehefrau) qī-zi
Frauen nǚ-rén
Fräulein (höfl. Anrede)
xiǎo-jiě
Fräulein (Mädchen)
gū-niang
Freiheit zì-yóu
Freundschaft yǒu-hǎo
Frisör(in) lǐ-fà-diàn; lǐ-fà-shī
froh gāo-xìngde
Frühjahr chūn-tiān
Frühstück zǎo-cān
frühstücken chī-zǎo-cān
Fuß jiǎo
Fußball(spiel) zú-qiú(-sài)

G

Gabel chā-zi
Galle dǎn
ganz quán-bùde

ganz (Adverb) wán-quán
Garten huā-yuán
Gast kè-rén
Gastgeber zhǔ-rén
Gebäck bǐng-gān; diǎn-xin
Gebäude lóu(-fang)
geben gěi ⇨ *Es gibt nicht.*
= *Méi yǒu.*; *Es gibt.* = *Yǒu.*
Geburtsdatum
chū-shēng-rì-qī
Gedanke sī-xiǎng
gefährlich wēi-xiǎnde
Geflügel jiā-qín
Gegend dì-qū
gehen xíng ⇨ *Das geht nicht.* = *Zhè bù xíng.*
gehen (fort-, hin-) qù; zǒu
gehen, zu Fuß zǒu-lù
Gelenk guān-jié
Geld qián
Geld wechseln duì huàn
Gelegenheit jī-huì
Gemüse shū-cài
Genitalien xìng-qì-guān
Genosse/-in tóng-zhì
Gepäck xíng-li
Gepäckservice xíng-li fu-wu
geradeaus yī-zhí
Geschäftsmann/-frau
shēng-yi-rén
geschehen fā-shēng
Geschenk lǐ-wù
Geschlechtskrankheit
xìng-bìng
Geschichte lì-shǐ
geschlossen (Geschäft)
guān-mén
Geschmack wèi-dao
Gesicht liǎn
Gespräch tán-huà

gestern zuó-tiān
gesund jiàn-kāng(de)
Gesundheit jiàn-kāng
Getränk yǐn-liào
Glas bō-li-bēi
glauben (meinen) yǐ-wéi
glauben (Religion) xìn
glauben (vertrauen)
xiāng-xìn
glücklich xìng-fúde
Glühbirne dēng-pào
Gott shàng-dì
Grammatik yǔ-fǎ
Granatapfel shí-liu
grausam cán-bàode
groß dà
großartig (erstaunlich)
liǎo-bu-qǐde
großartig (mächtig)
wěi-dàde
Größe (Körper) gāo-dù
Größe (Macht) wěi-dà
Grundschule xiǎo-xué
Gruß wèn-hòu
gut hǎo

H

Haar tóu-fa
haben yǒu
Hafen gǎng-kǒu
halb yí-bàn(de)
Hälfte yí-bàn
Hals bó-zi
halten (stoppen) tíng
Hand shǒu
Handtuch máo-jīn
Handwerker jì-gōng
Haschisch dú-mǎ
hässlich chǒu

yì-bǎi-sì-shí-sān | **143**

Wörterliste Deutsch – Chinesisch

hässlich (zu hören)
nán-tīng
hässlich (zu sehen)
nán-kàn
Hauptstraße
zhǔ-yào jiē-dào
Haus fáng-zi
Haut pí-fū
Heimat zǔ-guó
heiraten jié-hūn
heiß rè
Heizung nuǎn-qì
helfen bāng-zhù
hell liàng
Hemd chèn-shān
her(kommen) lái
herabsteigen xià
Herbst qiū-tiān
herein! jìn-lái!
Herr (Anrede) xiān-sheng
Herz xīn-zàng
heute jīn-tiān
hier zhè-li
Hilfe bāng-zhù
Himmel tiān
hinaufgehen shàng
hinausgehen zǒu-chū-qù
hinten zài hòu-mian
hinter hòu-miande
hinterlassen (Nachricht)
liú-huà
hinterlassen (Notiz)
liú-tiáo
hoch gāo
Hochschule dà-xué
Hochzeit hūn-lǐ
hoffen xī-wàng
Höhe gāo-dù
holen qǔ
Honigmelone hā-mì-guā

hören tīng
Hose kù-zi
Hotel fàn-diàn; bīn-guǎn;
lǚ-guǎn
hübsch piào-liangde,
hǎo-kàn
Hügel xiǎo-shān
Huhn jī
Hunger jiè
hungrig è
Hut mào-zi

I

IDD-Call
guó-jì zhí-bò diàn-huà
immer zǒng-shì; lǎo-shi
Ingenieur/-in
gōng-chéng-shī
Inhalt nèi-róng
innen zài nèi-bu/lǐ-mian
Innenstadt shì-zhōng-xīn
Insel dǎo-yǔ
insgesamt quán-bù
interessant yǒu-yī-sīde
international guó-jìde
Internet yīn-tè-wǎng
Internet-Café wǎng-bā
irgendeine(r) mǒu-yí-ge

J

ja shì-de
Jacke duǎn-wài-yī
Jade (Waren) yù(-qì)
Jahr nián
jedoch kě-shì
jene(r, -s) nà-ge
jetzt xiàn-zài
Journalist(in) jì-zhě

jucken yǎng
jung nián-qīng(de)
Junge nán-hái-zi
Jurte měng-gǔ-bāo

K

Kaffee kā-fēi
Kaiser huáng-dì
Kakao kě-kě
kalt lěng
Kamm shū-zi
Kartoffel tǔ-dòu
Kase nǎi-lào
kaufen mǎi
Kaufhaus
bǎi-huò gōng-sī
Kellner fú-wù-yuán
kennen rèn-shi; zhī-dao
Keramik táo-qì
Kiefer hé (sāi-bang-zi)
Kind (allg.) xiǎo-hái
Kind (eigenes) hái-zi
Kino diàn-yǐng-yuàn
Kirche jiào-táng
Kirsche yīng-táo
Kleid (traditionell) qí-páo
Kleid (westl. Stil) wài-yī
klein xiǎo
Kleingeld (Münze) yìng-bì
Klima qì-hou
Kloster (chin.) sì-yuàn
Kloster (christl.)
xiū-dào-yuàn
Knie xī-gài
Knochen gú-tou
Knopf niǔ-kòu
kochen zhǔ
Koffer xiāng-zi
kommen (her-) lái

144 yì-bǎi-sì-shí-sì

Wörterliste Deutsch – Chinesisch

Kommunismus
gòng-chǎn-zhǔ-yì
kompliziert fù-zá de
können (erlaubt sein) kě-yǐ
können (erlernt) huì
können (im Stande) néng
Konsulat lǐng-shì-guǎn
Konzert yīn-yuè-huì
Kopf tóu
Kopfkissen zhěn-tóu
Körper shēn-tǐ
Kosten fèi-yòng
krank bìng(-le)
Krankenhaus yī-yuàn
Krankenschwester hù-shi
Küche chú-fáng
Kuchen dàn-gāo
Kugelschreiber yuán-zhu-bǐ
kurz duǎn
küssen wěn

L

lächeln wēi-xiào
lachen xiào
Lackwaren qī-qì
Laden (Geschäft)
shāng-diàn
Laden (Kiosk) xiǎo-mài-bù
Lampe dēng
landen (Flugzeug) jiàng-luò
Landschaft fēng-jǐng
Landweg lù-lù
Landwirtschaft nóng-yè
lang cháng
langsam màn
Lastwagen kǎ-chē
laufen pǎo-bù
laut gāo-shēngde;
dà-shēngde

leben shēng-huó
Leben shēng-huó
Leber gān-zàng
leer kōng
legen fàng-xià
Lehrer/-in lǎo-shī
Lehrling xué-tú
leicht (Aufgabe) jiǎn-dān
leicht (Gewicht) qīng
leihen jiè
Leihgebühr zū-jīn
lernen xué-xí
lesen dú
letzte(r) zuì hòude
Licht guāng; dēng
Licht (elektr.) dēng-huǒ
Liebe liàn-ài; rè-ài
lieben ài
Lied gē-qǔ
Limonade qì-shuǐ
links zuǒ(-biān)
Literatur wén-xué
Litschi lì-zhī
Löffel sháo-zi
Luftpost háng-kōng
Lüge huǎng-yán
lügen sā-huǎng
Lunge fèi

M

machen zuò
Mädchen nǚ-hái-zi
Magen wèi
Mahlzeit cān
Mama mā-ma
Manager jīng-lǐ
manchmal yǒu-shí
Mandarine jú-zi
Mann (allg.) nán-rén

Mann (Ehemann) zhàng-fu
Mantel wài-tào
Markt shì-chǎng
Marmelade guǒ-jiàng
Massage àn-mó
Massage (tradition.) tuī-ná
Material (Werkstoff)
cái-liào
Medikament yào(-pǐn)
Meer hǎi
mehr gèng-duō
meinen yǐ-wéi
Meinung yì-jiàn; kàn-fa
Mensch rén
Messer dāo
Meter mǐ
mieten zū
Milch niú-nǎi
Minderheit (nationale)
shǎo-shù mín-zu
Mineralwasser
kuàng-quán-shuǐ
Minute fēn-zhōng
mitfahren (im Auto)
zuò-chē
Mittag essen chī-wǔ-fàn
Mittagessen wǔ-cān
mittags zhōng-wǔ
Mobiltelefon shǒu-jī;
yí-dòng diàn-huà
mögen xǐ-huan
möglich kě-néng
Monat yuè
Mond yuè-liàng
morgen míng-tiān
Morgen zǎo-chén
Moschee qīng-zhen-sì
Moskitonetz wén-zhàng
Moskitospirale wén-xiāng
Motorrad mó-tuō-chē

yì-bǎi-sì-shí-wǔ | **145**

Wörterliste Deutsch – Chinesisch

Mücke wén-zi
Müll lā-jī
Mund zuǐ
Museum bó-wù-guǎn
Musik yīn-yuè
Muskel jī-ròu
Mutter mǔ-qīn

N

nachmittags xià-wǔ
nächste(r, -s) zuì jìnde
nachher yǐ-hòu
Nacht wǎn-shang; yè
Nachtmarkt yè-shì
Nadel zhēn
nahe jìn; bù jiǔde
Name xìng-míng
Nase bí-zi
Nebel wù
Nebenhöhle bí-dòu
nehmen (bekommen) qu
nehmen (ergreifen) ná
nein bù
nett (hübsch) piào-liangde
nett (liebenswert) kě-àide
neu xīn
nie yǒng-bù; cóng-wèi
niedrig dī
Niere shèn-zàng
noch shàng; hái
normal zhèng-chángde
Nudeln (gebraten)
chǎo-miàn
Nummer hào-mǎ
nur zhǐ
nützlich yǒu-yòng
nutzlos méi-yòngde

O

ob shì-fǒu
oben shàng-mian
Obst shuǐ-guǒ
obwohl suī-rán
oder huò-zhě
offen dǎ-kāide
öffnen dǎ-kāi
öffnen (die Tür) kāi-mén
oft jīng-cháng
ohne méi-yǒu
Ohr ěr-duo
Omnibus gōng-gong qì-chē
Oper gē-jù
Operator zǒng-jī
Orange chéng-zi
Ort dì-fāng
Osten dōng-fāng
östlich dōng-fāngde

P

paar jǐ-ge
Paar (ein) yí-duì; yì-shuāng
Päckchen xiǎo-yóu-bāo
Paket bāo-guǒ
Paketklebeband
yóu-bāo-jiāo-dài
Pandabär dà-xióng-māo
Papier zhǐ
Partei zhèng-dǎng
Pass hù-zhào
passen (eignen) hé-shì
Pause xiū-xi
Persimone (Obst) shì-zi
Pfeffer hú-jiāo
Pfirsich táo-zi
Pflaume lǐ-zi
Pfund bàng

Q

Platz (Stadt) guǎng-chǎng
Platz (Sitz) zuò-wèi
Politik zhèng-zhì
Polizei jǐng-chá
Porzellan cí-qì
Postamt yóu-jú
Preis jià-gé
prima tóu-děngde
prima, wirklich ...!
zhēn-bàng!
Problem wèn-tí
produzieren shēng-chǎn
Programm qié-mù
Prost! gān-bēi!
Provinz shěng
prüfen (überprüfen)
jiǎn-chá
Pullover máo-yī
Puppentheater mù-ǒu-xì

Q

Quadrat píng-fāng
Qualität zhì-liàng
Quatsch hú-shuō
Quittung fā-piào

R

Radio shōu-yīn-jī
Rasierapparat
diàn-dòng tì-diāo
Rat jiàn-yì
raten (vorschlagen) jiàn-yì
Ratte lǎo-shǔ
rauchen chōu-yān
Räucherstäbchen xiāng
Rauschgift nehmen xī-dú
Rechnung fā-piào
rechts yòu(-bian)

146 yì-bǎi-sì-shí-liù

Wörterliste Deutsch – Chinesisch

Rechtsanwalt(in) lǜ-shī
Regen yǔ
Regenmantel yǔ-yī
Regenschirm yǔ-sǎn
registrieren (eintragen) dēng-yì
reich fù
reinigen gān-xǐ
Reis (gebraten) chǎo-fàn
Reis (gekocht) mǐ-fàn
Reise lǚ-xíng
Reisebüro lǚ-xíng-shè
Reisepass lǚ-xíng hù-zhào
Reisescheck lǚ-xíng zhī-piào
Religion zōng-jiào
reparieren xiū-lǐ
reservieren yù-dìng
Restaurant fàn-guǎn
Rezeption fú-wù-tái
richtig duì
Richtung fāng-xiàng
Rind niú
Rindfleisch niú-ròu
Rock qún-zi
roh (Gemüse) shēng
Rollbild huà-zhóu
Roman xiǎo-shuō
Rotwein hóng pú-táo-jiǔ
Rücken bèi
Rückfahrkarte lái-huí-piào
Rückreise huí-chéng
Ruderboot huá-tǐng
ruhig (still) jìng-zhǐde
Rührei chǎo-jī-dàn
Rundfahrt huán-yóu
Rundfunk guǎng-bō
Russisch (Sprache) é-yǔ
Russland Éguó

S

Sache (Angelegenheit) shì-qing
Sache (Ding) dōng-xi
Saft guǒ-zhī
sagen shuō
salzig xián
Sandalen liáng-xié
satt bǎo
sauber gān-jìng(de)
sauer (Geschmack) suān
schade kě-xīde
Schaden sǔn-shī
Scheck zhī-piào
Schere jiǎn-dāo
Schiff chuán
Schirm yǔ-sǎn
Schlafanzug shuì-yī
schlafen shuì-jiào
schlagen dǎ
Schlange shé
schlank xì-chángde
schlecht huài
schlimm (böse) bù-hǎo
schlimm (Pech) zāo-gāode
Schlüssel yào-shi
schmecken, gut hǎo-chī
Schmerzen tòng
Schmuck shǒu-shi
schmutzig zāng
Schnaps shāo-jiǔ; bái-jiǔ
Schneider(in) cái-feng
schnell kuài
Schnellzug kuài-chē
Schnupfen liú-bí-tì
schön měi(-lìde)
schreiben xiě
schreien jiào-hǎn
Schuhe xié

Schule xué-xiào
Schüler(in) (7–12 Jahre) xiǎo-xué-shēng
Schüler(in) (ab 13 Jahre) zhōng-xué-shēng
Schulter jiān
schwach ruò
Schwein zhū
Schweinefleisch zhū-ròu
Schweiz ruì-shì
schwer (Gewicht) zhòng
schwierig fù-záde; nán
schwimmen yóu-yǒng
Seeweg hǎi-yùn
sehen kàn-jiàn
sehr hěn
Seide sī-chóu
Seife féi-zào
Seil chuán-lǎn
sein (sich befinden) zài
sein (Verb) shì
Sekretär(in) mì-shū
Sekunde miǎo
selbst zì-jǐ
selten (Umst.) shǎo-yǒu
seltsam qí-tède
setzen, sich zuò-xià
Shampoo xǐ-fà-jì
sicher ān-quánde
Silber yín
singen chàng
Sitzplatz zuò-wèi
Socken duǎn-wà
sofort mǎ-shàng
Sohn ér-zi
solch ein(e, -r) zhè-yàngde
Sommer xià-tiān
Sonne tài-yáng
spät wǎn
spazierengehen sàn-bu

yì-bǎi-sì-shí-qī 147

Wörterliste Deutsch – Chinesisch

Speisekarte cài-dān
Speisesaal cān-tīng
Speisewagen cān-chē
spielen wán
Spielzeug wán-jù
Sport yùn-dòng
Sprache yǔ-yán
sprechen shuō
Stadt chéng-shì
Stadtplan shì-qū dì-tú
stark qiáng(-zhuàng)
Start kāi-shǐ
Steckdose chā-zuò
Stecker chā-tóu
stehenbleiben tíng-zhù
stehlen tōu
sterben sǐ
Stern xīng
Steuer shuì
steuerfrei miǎn-shuìde
stören má-fan
Strand hǎi-tān
Straße mǎ-lù; jiē-dào
Streichhölzer huǒ-chái
streiten, sich chǎo-jià
Student dà-xué-shēng
studieren xué-xí
Stuhl yǐ-zi
Stunde xiǎo-shí
Sturm bào-fēng
suchen zhǎo
Süden nán-fāng
Summe zǒng-shù
Suppe tāng
süß tián
Sympathie tóng-qíng

T

Tag bái-tiān
täglich měi-tiānde
tanzen tiào-wǔ
Taoismus dào-jiào
Tasche tí-bāo
Taschenlampe shǒu-diàn-tǒng
Tasse bēi
Taxi chūzū-chē
Tee chá
Teil bù-fen
teilen fēn-kāi
Telefon diàn-huà
telefonieren dǎ diàn-huà
Telefongebühr diàn-huà-fèi
Telefonkarte diàn-huà-kǎ
Telegramm diàn-bào
Teller pán-zi
Tempel miào-yǔ
Tetanus pò-shāng-fēng
teuer guì
Theater jù-yuàn
tief dī
Tisch zhuō-zi
Tochter nǔ-ér
Toilette cè-suǒ
Toilettenpapier wèi-shēng-zhǐ
Tonwaren táo-qì
töten shā-sǐ
Tourist(in) lǚ-yóu-zhě; yóu-kè
Tradition (Gewohnheit) xí-guàn
Tradition (Sitten) fēng-sú
tragen tí-jǔ
Traube pú-táo
traurig bēi-āide

U

U-Bahn dì-tiě
übermorgen hòu-tiān
Übernachtung guò-yè
übersetzen fān-yì
Uhr zhōng-biǎo
Umgebung huán-jìng
umsonst (Umst.) tú-láo
umsteigen huàn-chē
unbedingt jué-duìde
und yě-jí; bìng-qiě; hé
Unfall shì-gù
Universität dà-xué
unmittelbar zhí-jiēde
unmöglich bù-kě-néngde
unnütz wú-yòngde
Unsinn hú-nào
unten xià-mian
unter zài ... zhī-xià
Unterschrift qiān-míng
Unterwäsche nèi-yī
unterwegs zhōng-tú
Urlaub xiū-jià

treffen, sich jiàn-miàn
Treppe lóu-tī
trinken hē
Trinkwasser yǐn-yòng-shuǐ
trocknen shī-gān
tun (machen) zuò
Tür mén
Tusche mò

V

Vater fù-qīn
Vaterland zǔ-guó
Ventilator fēng-shàn
verbieten jìn-zhǐ

148 yì-bǎi-sì-shí-bā

Wörterliste Deutsch – Chinesisch

verbinden lián-xì
vergessen wàng-jì
Vergnügen yú-kuài
verkaufen mài
Verkäufer shòu-huò-yuán
Verkehr jiāo-tōng
verlegen (Eig.) láng-bèide
verlieren diū-shī
verschieden bù-tóngde
versichern, sich bǎo-xiǎn
Versicherung bǎo-xiǎn
Verspätung wǎn-diǎn
verstehen tīng-dǒng
viel (mehr, meist)
duō; xǔ-duōde
vielleicht yě-xǔ
Visum qiān-zhèng
Vogel niǎo
voll mǎn
von cóng
vorgestern qián-tiān
vorher yǐ-qián
vormittags shàng-wǔ
Vorname míng-zi
Vorsicht jǐn-shèn
vorstellen jiè-shào

W

Wagen (Waggon) chē-xiāng
wählen (aus-) xuǎn-zé
wählen (Telefon) bō
während zài ... de-shí-hou
wahrscheinlich kě-néngde
wandern tú-bù lǚ-xíng
wann? shénme shí-hou?
warm nuǎn
was? shénme?
Wäsche xǐ-dí
waschen xǐ

Wasser shuǐ
Wasserfall pù-bù
Wassermelone xī-guā
wechseln (Geld) duì-huàn
wecken jiào-xǐng
Wecker nào-zhōng
Weckruf jiào-zǎo
weiblich nǚ-xìngde
weich ruǎn
weinen kū
weit (breit) kuān
weit (weg) yuǎn
welche(r, -s)? nǎ-ge?
Welt shì-jiè
wenig shǎo
wer? shuí?
werden chéng-wéi
Wertpaket bǎ-zhí yóu-bāo
weshalb? wèi-shénme?
Westen xī-fāng
Wetter tiān-qì
wichtig zhòng-yàode
wie? zěn-yàng
wieder yòu; zài-cì
wie viel? duōshao?
wie viel? (bis 10) jǐ?
Wind fēng
Winter dōng-tiān
wirklich zhēn-shíde
wissen zhī-dao
Wissenschaftler/-in
kē-xué-jiā
wissenschaftlich kē-xuéde
Witz xiào-hua
wo? zài nǎ-li?
Woche xīng-qī
woher? cóng nǎ-li?
wohin? qù nǎ-li?
Wolldecke máo-tǎn
Wort cí

wunderbar (toll) jí-miàode
wünschen (gratulieren)
zhù
Wurst xiāng-cháng

Z

zahlen fù-kuǎn; fù-qián
Zahn yá(-chǐ)
Zahnarzt yá-yī
Zeh jiǎo-zhǐ
zeigen zhǐ-shì
Zeit shí-jiān
Zeitschrift zá-zhì
Zeitung bào-zhǐ
Zigarette xiāng-yān
Zimmer fáng-jiān
Zitrone níng-méng
zögern chóu-chú
zollfrei miǎn-shuì
Zoo dòng-wù-yuán
Zucker táng
zufällig ǒu-ránde
Zug huǒ-chē
Zunge shé-tou
zurückgehen/-kehren
huí-qù
zusammen yì-qǐ
zusätzlich fù-jiāde
Zutaten pèi-liào
Zweck mù-dì
zweifeln huái-yí

yī-bǎi-sì-shí-jiǔ | **149**

Wörterliste Chinesisch – Deutsch

A

ài lieben
ài-zī-bìng AIDS
àn dunkel
ān-huī Provinz Anhui
àn-mó Massage
ān-pái arrangieren
ān-quánde sicher
ào-dì-lì Österreich
ào-mén Macao

B

bǎi-huò gōng-sī Kaufhaus
bái-jiǔ Schnaps
bái-tiān Tag
bàng Pfund
bāng-zhù Hilfe; helfen
báo dünn (Sachen)
bǎo satt
bào-fēng Sturm
bāo-guǒ Paket
bǎo-xiǎn Versicherung; sich versichern
bào-zhǐ Zeitung
bǎo-zhí-yóu-bāo Wertpaket
bèi Rücken
bēi Tasse
bēi-āide traurig
běi-jīng Provinz Peking
bèn dumm
bí-dòu Nasennebenhöhlen
bǐ-rú etwa (beispielsweise)
bì-yùn-yào Antibabypille
bí-zi Nase
biàn-yā-qì Adapter

biǎo-gé Formular
biéde andere
bīn-guǎn Hotel
bìng(-le) krank
bǐng-gān Gebäck
bīng-qí-lín Eiskrem
bìng-qiě und
bō wählen (Telefon)
bó dünn (Dinge)
bō-li-bēi Glas
bō-luó Ananas
bó-wù-guǎn Museum
bó-zi Hals
bù nein
bù jiǔde nahe
bù-fen Teil
bù-hǎo schlimm (böse)
bù-jiǔ bald
bù-kě-néngde unmöglich
bù-tóngde verschieden

C

cài-dān Speisekarte
cái-feng Schneider(in)
cái-liào Material (Stoff)
cān Mahlzeit
cán-bàode grausam
cān-chē Speisewagen
cān-guān Besichtigung
cān-jù Besteck
cān-tīng Speisesaal
cǎo-méi Erdbeere
cè-suǒ Toilette
chá Tee
chà-bu-duō fast (ungefähr)
chā-tóu Stecker

chā-zi Gabel
chā-zuò Steckdose
cháng lang
chàng singen
cháng-cháng oft
cháng-tú diàn-huà Ferngespräch
cháng-zi Darm
cháo-dài Dynastie
chǎo-fàn Reis (gebraten)
chǎo-jià streiten, sich
chǎo-jī-dàn Rührei
chǎo-miàn Nudeln (gebraten)
chē-piào Fahrkarte
chē-xiāng Waggon; Abteil
chèn-shān Hemd
chéng chē fahren
chéng-nián-rén Erwachsener
chéng-shì Stadt
chéng-wéi werden
chéng-zi Orange
chī-fàn essen
chī-wǔ-fàn Mittag essen
chī-zǎo-cān frühstücken
chōng(-xǐ) entwickeln (Film)
chǒu hässlich
chóu-chú zögern
chōu-yān rauchen
chú-fáng Küche
chū-jìng Ausreise
chū-kǒu Ausgang
chū-shēng-rì-qī Geburtsdatum
chū-zū-chē Taxi
chuán Schiff

150 | yì-bǎi-wǔ-shí

Wörterliste Chinesisch – Deutsch

chuán-lǎn Seil
chuáng Bett
chuāng-hu Fenster
chuáng-shang yòng-pǐn
Bettwäsche
chūn-tiān Frühjahr
cí Wort
cí-qì Porzellan
cóng folgen
cóng von
cóng nǎ-li woher?
cóng-wèi nie
cūn-zhuāng Dorf
cuò falsch (schlecht)

D

dà groß
dǎ schlagen
dǎ diàn-huà telefonieren
dǎ-kāi öffnen
dǎ-kāide offen
dà-shēngde laut
dà-shǐ-guǎn Botschaft
dà-xióng-māo Pandabär
dà-xué Universität
dà-xué-shēng Student
dà-yuē etwa (ungefähr)
dài-fu Arzt/Ärztin
dǎn Galle
dǎo-yǔ Insel
dān-dúde allein
dàn-gāo Kuchen
dān-rén fáng-jiān
Einzelzimmer
dàn-shì aber
dāo Messer
dào ankommen; nach; zu
dào-dá ankommen; Ankunft
dào-jiào Taoismus

dǎo-yǔ Insel
dé-dào bekommen
dé-guó Deutschland
dé-yǔ Deutsch (Sprache)
dēng Lampe; Licht
dēng-huǒ Licht
dēng-pào Glühbirne
dēng-yì registrieren
dī niedrig; tief
dì-fāng Ort
dì-qū Gegend
dì-tiě U-Bahn
dì-yī erstens
dì-yī-cì erstmals
dì-zhèn Erdbeben
dì-zhǐ Adresse
diàn-bào Telegramm
diàn-chí Batterie
diàn-dòng tì-diāo
Rasierapparat
diàn-huà Telefon
diàn-huà-fèi Telefongebühr
diàn-huà-kǎ Telefonkarte
diàn-nǎo Computer
diàn-qìde elektrisch
diàn-qì-jiē-tóu Adapter
diàn-shì-jī Fernseher
diàn-tī Fahrstuhl
diàn-xin Gebäck
diàn-yǐng Film (Kino)
diàn-yǐng-yuàn Kino
diàn-zǐ yóu-jiān E-Mail
diū-shī verlieren
dōng-fāng Osten
dōng-fāngde östlich
dòng-shēn chū-fā abreisen
dōng-tiān Winter
dòng-wù-yuán Zoo
dōng-xi Ding; Sache
dòu-liú Aufenthalt

dú lesen
dù-jià Ferien verbringen
dú-ma Haschisch
dú-pǐn Droge
dú-yǐn drogensüchtig
dù-zi Bauch
duǎn kurz
duǎn-wà Socken
duǎn-wài-yī Jacke
duì richtig
duì huàn Geld wechseln
duì-bu-qǐ! Entschuldigung!
duō viel
duōshao wie viel?

E

è hungrig
é-guó Russland
é-luó-sī Russland
é-yǔ Russisch (Sprache)
ěr-duo Ohr
ér-zi Sohn

F

fǎ-guó Frankreich
fā-piào Quittung
fā-shāo Fieber
fā-shēng geschehen
fǎ-wén Französisch
fā-xìn-rén Absender
fā-yīn Aussprache
fàn-cai Essen
fàn-diàn Hotel
fàn-guǎn Restaurant
fān-yì übersetzen
fáng-jiān Zimmer
fàng-xià legen
fāng-xiàng Richtung

yì-bǎi-wǔ-shí-yī **151**

Wörterliste Chinesisch – Deutsch

fáng-zi Haus
fēi fliegen
fèi Lunge
fēi-jī Flugzeug
fēi-jī-chǎng Flughafen
fēi-jī-piào Flugschein
fēi-xíng shí-jiān-biǎo Flugplan
fēi-yòng Kosten
féi-zào Seife
fēn-kāi teilen
fēn-zhōng Minute
fēng Wind
fēng-jǐng Landschaft
fēng-shàn Ventilator
fēng-sú Tradition (Sitten)
fó-jiào Buddhismus
fù reich
fù-jiāde zusätzlich
fú-jiàn Provinz Fujian
fù-kuǎn zahlen
fù-mǔ Eltern
fū-qī Ehepaar
fù-qīn Vater
fù-qián bezahlen; zahlen
fú-wù Bedienung
fú-wù-tái Rezeption
fú-wù-yuán Kellner
fù-záde kompliziert

G

gān bēi! Prost!
gǎn-jǐn sich beeilen
gǎn-jìng(de) sauber
gǎn-mào sich erkälten; Erkältung
gān-sù Provinz Gansu
gān-xǐ reinigen
gǎn-xiède dankbar

gān-zàng Leber
gǎng-kǒu Hafen
gāo hoch
gāo-dù Größe; Höhe
gāo-shēngde laut
gào-su erzählen
gāo-xìngde froh
gào-zhī benachrichtigen
gē-jù Oper
gē-qǔ Lied
gěi geben
gēn folgen
gèng hǎode besser
gòng-duō mehr
gòng-chǎn-zhǔ-yì Kommunismus
gōng-chǎng Fabrik
gōng-chéng-shī Ingenieur/-in
gōng-gòng qì-chē Bus
gōng-gòng qì-chē-zhàn Bushaltestelle
gōng-rén Arbeiter
gōng-zuò Arbeit; arbeiten
gǔ-dǒng Antiquität
gū-niang Mädchen
gú-tóu Knochen
gǔ-wán Antiquität
guān-jié Gelenk
guān-mén geschlossen
guàn-tou Dose
guàn-tou-qǐ-zi Dosenöffner
guāng Licht
guǎng-bō Rundfunk
guǎng-chǎng Platz (Stadt)
guǎng-dōng Provinz Kanton
guǎng-xī Provinz Guangxi
guì teuer
guī-dìng yǐn-shí Diät
guì-zhōu Provinz Guizhou

guǒ-jiàng Marmelade
guó-jide international
guó-jì zhí-bò diàn-huà IDD-Call
guò-mǐn allergisch
guò-yè Übernachtung
guǒ-zhī Saft

H

hā-mì-guā Honigmelone
hai auch
hái noch
hǎi Meer
hài-pà Angst
hǎi-tān Strand
hǎi-yùn Seeweg
hái-zi Kind (eigenes)
háng-kōng Luftpost
hǎo gut
hǎo-chī gut schmecken
hǎo-de gut; in Ordnung
hǎo-kàn hübsch
hào-mǎ Nummer
hē trinken
hé Fluss; und
hé-lán Niederlande
hé-nán Provinz Henan
hé(-sāi-bang-zi) Kiefer
hé-shì passen (sich eignen)
hēi-lóng-jiāng Provinz Heilongjiang
hěn sehr
hěn kuài bald
hóng pú-táo-jiǔ Rotwein
hòu dick (Sachen)
hòu-lái danach
hòu-miande hinter
hòu-tiān übermorgen
hú-běi Provinz Hubei

152 | yì-bǎi-wǔ-shí-èr

Wörterliste Chinesisch – Deutsch

hú-jiāo Pfeffer
hú-nán Provinz Hunan
hú-nào Unsinn
hù-shi Krankenschwester
hú-shuō Quatsch
hù-xiāng einander
hù-zhào Pass
huā-shēng Erdnuss
huá-tǐng Ruderboot
huā-yuán Garten
huà-chéng Rollbild
huài schlecht
huái-yí zweifeln
huàn-chē umsteigen
huán-jìng Umgebung
huán-yóu Rundfahrt
huáng-dì Kaiser
huǎng-yán Lüge
huáng-yóu Butter
huì können (erlernt)
huí-chéng Rückreise
huí-dá Antwort; antworten
huí-qù zurückgehen
hūn-lǐ Hochzeit
huò ... huò entweder ... oder
huǒ-chái Streichhölzer
huǒ-chē Eisenbahn; Zug
huǒ-chē-zhàn Bahnhof
huò-zhě oder

J

jī Huhn
jǐ wie viel? (bis 10)
jī-chǎng-fèi Flughafengebühr
jī-dàn Ei
jí-duānde extrem
jí-dùde extrem
jǐ-ge paar

jì-gōng Handwerker
jī-guān zhí-yuán Beamte(r)
jí-hǎode ausgezeichnet
jī-hū fast (beinahe)
jī-huì Gelegenheit
jí-lín Provinz Jilin
jí-miàode wunderbar
jì-niàn Andenken
jī-ròu Muskel
jī-suàn-jī Computer
jì-zhě Journalist(in)
jiǎ falsch (unecht)
jià-gé Preis
jià-qī Ferien (Urlaub)
jiā-qín Geflügel
jiǎ-rú falls
jiā-tíng Familie
jiān Schulter
jiǎn-chá prüfen
jiǎn-dān(de) einfach
jiǎn-dāo Schere
jiàn-kāng Gesundheit
jiàn-kāngde gesund
jiàn-miàn treffen, sich
jiàn-yì Rat; raten
jiāng Fluss
jiàng-luò landen (Flugzeug)
jiāng-sū Provinz Jiangsu
jiāng-xī Provinz Jiangxi
jiǎo Fuß
jiào-hǎn schreien
jiāo-juǎn Film (Foto)
jiào-táng Kirche
jiāo-tōng Verkehr
jiào-xǐng wecken
jiào-zǎo Weckruf
jiǎo-zhǐ Zeh
jiē leihen
jiè Hunger
jiē-dào Straße

jié-hūn heiraten
jiè-shào vorstellen
jiě-shì erklären
jié-shù Ende; beenden
jìn nahe
jìn-lái herein!
jǐn-shèn Vorsicht
jīn-tiān heute
jìn-zhǐ verbieten
jǐng-chá Polizei
jīng-cháng oft
jīng-lǐ Manager
jìng-zhìde ruhig (still)
jiù alt (nicht neu)
jiǔ-bā Bar
jiù-chéng Altstadt
jù-yuàn Theater
jú-zi Mandarine
jué-dìng entscheiden
jué-duìde unbedingt
jūn-duì Armee

K

kǎ-chē Lastwagen
kā-fēi Kaffee
kāi-chē abfahren; Abfahrt; Auto fahren (selbst)
kāi-mén öffnen (die Tür)
kāi-shǐ Beginn; beginnen
kàn-fa Meinung
kàn-jiàn sehen
kě-àide nett (liebenswert)
kě-kě Kakao
kě-néng möglich
kě-néngde wahrscheinlich
kè-rén Gast
kě-shì jedoch; aber
kě-xide schade
kē-xuéde wissenschaftlich

yì-bǎi-wǔ-shí-sān **153**

Wörterliste Chinesisch – Deutsch

kē-xué-jiā Wissenschaftler/-in
kě-yǐ können (erlaubt sein)
kōng leer
kǒu kě Durst haben
kū weinen
kù-zi Hose
kuài schnell
kuài-chē Schnellzug
kuài-zi Eßstäbchen
kuān weit; breit
kuàng-quán-shuǐ Mineralwasser

L

lā-jī Müll
lái kommen; herkommen
lái-huí-piào Rückfahrkarte
láng-bèide verlegen (Eig.)
lǎo alt (nicht jung)
láo-dòng Arbeit; arbeiten
lǎo-shī Lehrer/-in
lǎo-shi immer
lǎo-shǔ Ratte
lěng kalt
lí Birne
lí-diàn Check-out
lǐ-fà-diàn Frisör(in)
lǐ-fà-shī Frisör(in)
lì-shǐ Geschichte
lǐ-wù Geschenk
lì-zi Litschi
lǐ-zi Pflaume
liǎn Gesicht
liàn-ài Liebe
lián-xì verbinden
liǎng beide (eigentl.: zwei)
liàng hell
liáng-xié Sandalen

liǎo-bu-qǐde großartig
liáo-níng Provinz Liaoning
lín-yù Dusche
lǐng-shì-guǎn Konsulat
lìng-wài andere
liú-bí-tì Schnupfen
liú-huà hinterlassen
liú-tiáo hinterlassen (Notiz)
lóng-yǎn Drachenauge (Obst)
lóu(-fáng) Gebäude
lóu-tī Treppe
lǚ-guǎn Hotel
lù-lù Landweg
lǜ-shī Rechtsanwalt(in)
lǚ-xíng Reise
lǚ-xíng hù-zhào Reisepass
lǚ-xíng-shè Reisebüro
lǚ-xíng zhī-piào Reisescheck
lǚ-yóu-zhě Tourist(in)

M

má-fan stören
mǎ-lù Straße
mā-ma Mama
mǎ-shàng sofort
mài verkaufen
mǎi kaufen
mǎi dōng-xi einkaufen
màn langsam
mǎn voll
máng-cháng-yán Blinddarmentzündung
máo-jīn Handtuch
máo-tǎn Wolldecke
máo-yī Pullover
mào-zi Hut
méi nicht

měi(-lìde) schön
měi-guó USA
měi-tiānde täglich
méi-yòngde nutzlos
méi yǒu nicht haben; ohne
mén Tür
měng-gǔ-bāo Jurte
mǐ Meter
mǐ-fàn Reis (gekocht)
mì-shū Sekretär(in)
miàn-bāo Brot
miǎn-shuì zollfrei; steuerfrei
miǎo Sekunde
miào-yǔ Tempel
míng-tiān morgen
míng-zi Vorname
mò Tusche
mó-tuō-chē Motorrad
mǒu-yí-ge irgendeine(r)
mù-dì Zweck
mù-ǒu-xì Puppentheater
mǔ-qīn Mutter

N

ná nehmen (ergreifen)
nǎ-ge welche(r, -s)?
nà-ge jene(r, -s)
nà-li dort
nǎi-lào Käse
nán schwierig
nán-fāng Süden
nán-hái-zi Junge
nán-kàn hässlich (zu sehen)
nán-rén Mann (allg.)
nán-tīng hässlich (zu hören)
nào-zhōng Wecker
nèi-měng-gǔ Provinz Innere Mongolei

154 yì-bǎi-wǔ-shí-sì

Wörterliste Chinesisch – Deutsch

nèi-róng Inhalt
nèi-yī Unterwäsche
néng können (im Stande)
nián Jahr
nián-qīng(de) jung
niǎo Vogel
níng-méng Zitrone
níng-xià Provinz Ningxia
niú Rind
niǔ-kòu Knopf
niú-nǎi Milch
niú-ròu Rindfleisch
nóng-mín Bauer
nóng-yè Landwirtschaft
nǚ-ér Tochter
nǚ-hái-zi Mädchen
nǔ-lì sich anstrengen
nǚ-rén Frauen
nǚ-xìngde weiblich
nuǎn warm
nuǎn-qì Heizung

O

ǒu-ránde zufällig
oū-zhōu Europa

P

pán-zi Teller
pàng dick (Menschen)
páng-guān Blase (Organ)
pǎo-bù laufen
pèi-liào Zutaten
pí-fū Haut
pí-jiǔ Bier
pián-yi(de) billig
piào-jià Fahrpreis
piào-liangde nett; hübsch
píng Flasche

píng-fāng Quadrat
píng-gǎi-qi-zi Flaschenöffner
píng-guǒ Apfel
pò-shāng-fēng Tetanus
pù-bù Wasserfall
pú-táo Traube

Q

qí zì-xíng-chē Rad fahren
qì-chē Auto
qì-chē-zǒng-zhàn Busbahnhof
qǐ-fēi Abflug
qì-hòu Klima
qí-páo Kleid (traditionell)
qī-qi Lackwaren
qì-shuǐ Limonade
qí-tède seltsam
qī-zi Ehefrau; Frau
qián Geld
qiān-míng Unterschrift
qián-tiān vorgestern
qiān-zhèng Visum
qiáng(-zhuàng) stark
qié-mù Programm
qǐng bitte; bitten
qīng leicht (Gewicht)
qīng-hǎi Provinz Qinghai
qīng-zhen-sì Moschee
qióng arm
qiū-tiān Herbst
qù gehen (fort-, hin-)
qǔ holen; bekommen
qù nǎ-li wohin?
quán-bù insgesamt
quán-bùde ganz
qún-zi Rock

R

rán-hòu danach; dann
rè heiß
rè-ài Liebe
rén Mensch
rèn-shi kennen
rì-qī Datum
ròu Fleisch
rù-chǎng-quàn Eintrittskarte
rù-guo falls
rù-jìng Einreise
rù-kǒu Eingang
ruǎn weich
ruì-shì Schweiz
ruò schwach

S

sā-huǎng lügen
sàn-bu spazierengehen
shā-si töten
shān Berg
shān-dōng Provinz Shandong
shān-xī Provinz Shanxi
shàn-zi Fächer
shàng auf; hinaufgehen; noch
shàng chē einsteigen
shàng-dì Gott
shāng-diàn Geschäft
shàng-hǎi Provinz Shanghai
shàng-mian oben
shàng-wǎng ins Netz gehen
shàng-wǔ vormittags
shǎo wenig
shāo-jiǔ Schnaps

yì-bǎi-wǔ-shí-wǔ | **155**

Wörterliste Chinesisch – Deutsch

shǎo-shù mín-zu Minderheit (nationale)
shǎo-yǒu selten (Umst.)
sháo-zi Löffel
shé Schlange
shé-tou Zunge
shén-me was?
shén-me shí-hou wann?
shēn-qǐng beantragen
shēn-tǐ Körper
shèn-zàng Niere
shēng roh (Gemüse)
shēng Provinz
shēng-chǎn produzieren
shēng-huó leben; Leben
shēng-yì-rén Geschäftsmann/-frau
shì sein (Verb)
shì-chǎng Markt
shì-de ja
shì-fǒu ob
shì-gān trocknen
shì-gù Unfall
shí-jiān Zeit
shì-jiè Welt
shí-liu Granatapfel
shì-qing Sache
shì-qū dì-tú Stadtplan
shì-zhōng-xīn Innenstadt
shì-zi Persimone
shǒu Hand
shòu dünn (mager)
shǒu-bì Arm
shǒu-cì erstmals
shǒu-diàn-tǒng Taschenlampe
shòu-huò-yuán Verkäufer
shǒu-jī Mobiltelefon
shǒu-jiàn-rén Empfänger
shǒu-shi Schmuck

shǒu-xiān erstens
shōu-yīn-jī Radio
shǒu-zhǐ Finger
shù Baum
shū Buch
shū-cài Gemüse
shū-fu bequem
shū-shìde angenehm
shū-zi Kamm
shuā-zi Bürste
shuāng doppelt
shuāng-rén fáng-jiān Doppelzimmer
shuì Steuer
shuí wer?
shuǐ Wasser
shuǐ-guǒ Obst
shuì-jiào schlafen
shuì-yī Schlafanzug
shuō sagen; sprechen
shuō-míng erklären
sǐ sterben
sī-chóu Seide
sì-chuān Provinz Sichuan
sī-xiǎng Gedanke
sì-yuàn Kloster
suān sauer (Geschmack)
suí-rán obwohl
sǔn-shī Schaden
suǒ-yǒude alle

T

tài-wān Taiwan
tài-yáng Sonne
tán-huà Gespräch
tǎn-zi Decke (Bett)
táng Zucker
tāng Suppe
táo-qì Keramik; Tonwaren

táo-zi Pfirsich
tè-bié-de besonders
tè-bié kuài-chē Expresszug
tí-bāo Tasche
tí-jǔ tragen
tián süß
tiān Himmel
tián-dì Feld
tiān-jìn Provinz Tianjin
tiān-qì Wetter
tiào-wǔ tanzen
tīng hören
tíng halten (z.B. Auto)
tīng-dǒng verstehen
tíng-zhǐ aufhören
tíng-zhù stehenbleiben
tòng Schmerzen
tóng-qíng Sympathie
tóng-yì erlauben
tóng-zhì Genosse/-in
tōng-zhī benachrichtigen
tōu stehlen
tóu Kopf
tóu-děngde prima
tóu-fa Haar
tú-bù lǚ-xíng wandern
tǔ-dòu Kartoffel
tú-láo umsonst (Umst.)
tuǐ Bein
tuì-fáng-shí-jiān Check-out-Zeit
tuī-ná Massage (tradition.)

W

wài-bì duì-huàn-chù Devisenumtausch
wài-guó Ausland
wài-guó-rén Ausländer
wài-huì Devisen

156 | **yì-bǎi-wǔ-shí-liù**

Wörterliste Chinesisch – Deutsch

wài-shì-chù Ausländerabteilung
wài-tào Mantel
wài-yī Kleid (westl. Stil)
wán fertig; spielen
wǎn spät
wǎn-cān Abendessen
wǎn-diǎn Verspätung
wǎn-fàn Abendessen
wán-jù Spielzeug
wán-quán ganz (Adverb)
wǎn-shang abends; Nacht
wǎng-bā Internetcafé
wàng-jì vergessen
wèi Magen
wěi-dà Größe
wěi-dàde großartig
wèi-dao Geschmack
wèi-kǒu Appetit
wèi-shénme weshalb?
wèi-shēng-zhǐ Toilettenpapier
wēi-xiǎnde gefährlich
wēi-xiào lächeln
wěn küssen
wèn fragen
wèn-hòu Gruß
wèn-tí Frage; Problem
wén-xué Literatur
wèn-xùn-chù Auskunft
wén-xiāng Moskitospirale
wén-zhàng Moskitonetz
wén-zi Mücke
wù Nebel
wǔ-cān Mittagessen
wú-yòngde unnütz

X

xǐ waschen
xī dünn (z.B. ...-flüssig)
xī-cān Essen (westl.)
xì-chángde schlank
xǐ-dí Wäsche
xī-dú Rauschgift nehmen
xǐ-fà-jì Shampoo
xī-fāng Westen
xī-gài Knie
xī-guā Wassermleone
xí-guàn Tradition
xǐ-huan mögen
xī-wàng hoffen
xī-zàng Tibet
xǐ-zǎo baden
xǐ-zǎo-jiān Badezimmer
xià herabsteigen
xià chē aussteigen
xià-mian unten
xià-tiān Sommer
xià-wǔ nachmittags
xián salzig
xiàn-jīn Bargeld
xiān-sheng Herr (Anrede)
xiàn-zài jetzt
xiāng Räucherstäbchen
xiāng-cháng Wurst
xiāng-gǎng Hongkong
xiāng-jiāo Banane
xiāng-xìn glauben
xiāng-yān Zigarette
xiāng-zi Koffer
xiǎo klein
xiào lachen
xiǎo-hái Kind (allgemein)
xiào-hua Witz
xiǎo-jiě Fräulein (höflich)
xiǎo-mài-bù Laden (Kiosk)

xiǎo-shān Hügel
xiǎo-shí Stunde
xiǎo-shuō Roman
xiǎo-tōu Dieb
xiǎo-xué Grundschule
xiǎo-xué-shēng Schüler(in)
xiǎo-yóu-bāo Päckchen
xié Schuhe
xiě schreiben
xiè-dù Durchfall
xiè-xie danke
xìn Brief; glauben (Religion)
xīn neu
xīn-jiāng Provinz Xinjiang
xīn-zàng Herz
xīng Stern
xìng Familienname; Aprikose
xìng-bìng Geschlechtskrankheit
xìng-fúde glücklich
xíng-li Gepäck
xíng-li fú-wù Gepäckservice
xìng-míng Name
xīng-qī Woche
xīng-qī-guān Genitalien
xíng-shí shí-jiān-biǎo Fahrplan
xiōng Brust
xiū-dào-yuàn Kloster
xiū-jià Urlaub
xiū-lǐ reparieren
xiū-xi Pause
xiū-xi ausruhen
xǔ-duōde viel (mehr, meist)
xū-wěide falsch (trügerisch)
xū-yào benötigen
xuǎn-zé wählen (aus-)
xué-tú Lehrling
xué-xí lernen; studieren

yì-bǎi-wǔ-shí-qī | **157**

Wörterliste Chinesisch – Deutsch

xué-xiào Schule
xuè-zhòng-dú Blutvergiftung

Y

yá(-chǐ) Zahn
yá-yī Zahnarzt
yà-zhōu Asien
yán-cháng erneuern
yǎn-chū Aufführung
yān-huī-gāng Aschenbecher
yǎn-jing Auge
yán-sè Farbe
yǎng jucken
yào(-pǐn) Medikament
yào-diàn Apotheke
yāo-qǐng einladen
yào-shi Schlüssel
yè Nacht
yě auch
yě-jí und
yě-xǔ etwa; vielleicht
yè-shì Nachtmarkt
yí-bàn Hälfte
yí-bàn(de) halb
yí-cì einmal
yì-diǎn etwas
yí-dòng-diàn-huà Mobiltelefon
yí-duì Paar (ein)
yǐ-hòu nachher
yì-jiàn Meinung
yì-jian Beschwerde
yì-qǐ zusammen
yǐ-qián vorher
yī-shēng Arzt/Ärztin
yī-shuāng Paar (ein)
yì-sī Bedeutung

yǐ-wéi glauben; meinen
yì-xie etwas
yì-yì Bedeutung
yī-yuàn Krankenhaus
yī-zhí geradeaus
yǐ-zi Stuhl
yín Silber
yín-háng Bank
yǐn-liào Getränk
yīn-tè-wǎng Internet
yǐn-yòng-shuǐ Trinkwasser
yīn-yuè Musik
yīn-yuè-huì Konzert
yìng-bì Kleingeld (Hartgeld)
yīng-guó England
yīng-yǔ Englisch (Sprache)
yīng-táo Kirsche
yǒng-bù nie
yǒu haben; es gibt
yòu wieder
yóu-bāo-jiāo-dài Paketklebeband
yòu(-bian) rechts
yǒu-hǎo Freundschaft
yōu-huì Ermäßigung
yóu-jú Postamt
yóu-kè Tourist(in)
yóu-lǎn-jié-mù Ausflugsprogramm
yóu-piào Briefmarke
yǒu-shí manchmal
yǒu-yī-sīde interessant
yǒu-yòng nützlich
yóu-yǒng schwimmen
yú Fisch
yǔ Regen
yù(-qi) Jade (Waren)
yù-dìng reservieren
yǔ-fǎ Grammatik
yú-kuài Vergnügen

yǔ-sǎn Regenschirm
yǔ-yán Sprache
yǔ-yī Regenmantel
yuǎn weit (weg)
yuán-zhū-bǐ Kugelschreiber
yuè Monat
yuè-liàng Mond
yùn-dòng Sport
yún-nán Provinz Yunnan
yǔn-xǔ erlauben

Z

zá-zhì Zeitschrift
zài sein (sich befinden)
zài ... de-shí-hou während
zài ... zhī-xià unter
zài-cì wieder
zài hòu-mian hinten
zài lǐ-mian innen
zài nǎ-li wo?
zài nèi-bu innen
zài wài-mian außen
zāng schmutzig
zǎo-cān Frühstück
zǎo-chén Morgen
zāo-gāode schlimm (Pech)
zǎo-zi Dattel
zěn-yàng wie?
zhàn-tái Bahnsteig
zhàn-xiàn besetzt (Telefon)
zhàng-fu Ehemann; Mann
zhǎo suchen
zhǎo-dào finden
zhào-xiàng fotografieren
zhào-xiàng-jī Fotoapparat
zhè bù xíng das geht nicht
zhè-ge diese(r, -s)
zhè-li hier
zhè-yàngde solch ein(e, -r)

yì-bǎi-wǔ-shí-bā

Wörterliste Chinesisch – Deutsch

zhēn Nadel
zhēn-bàng prima
zhēn-jiǔ Akupunktur
zhēn-shíde wirklich
zhēn-zhèngde echt
zhěn-tou Kopfkissen
zhèng-chángde normal
zhèng-dǎng Partei
zhèng-zhì Politik
zhǐ nur; Papier
zhī-dao kennen; wissen
zhí-jiēde unmittelbar
zhì-liàng Qualität
zhī-piào Scheck
zhǐ-shì zeigen
zhí-yè Beruf
zhí-yuán Angestellter
zhōng chinesisch
zhòng schwer
zhōng-biǎo Uhr
zhōng-cān Essen (chines.)
zhōng-guó China
zhōng-tú unterwegs
zhōng-wén Chinesisch
zhōng-wǔ mittags
zhōng-xué-shēng Schüler(in)
zhòng-yàode wichtig
zhū Schwein
zhù wünschen (gratulieren)
zhǔ kochen
zhú-jiànde allmählich
zhù-míngde berühmt
zhǔ-rén Gastgeber
zhū-ròu Schweinefleisch
zhǔ-yào jiē-dào Hauptstraße
zhú-zi Bambus
zhuō-zi Tisch
zì-jǐ selbst

zì-xíng-chē Fahrrad
zì-yóu Freiheit
zòng schwer (Gewicht)
zǒng-jī Operator
zōng-jiào Religion
zǒng-shì immer
zǒng-shù Summe
zǒng-zhàn Endhaltestelle
zǒu gehen (fort-, hin-)
zǒu-chū-qù hinausgehen
zǒu-lù gehen, zu Fuß
zū mieten
zǔ-guó Heimat; Vaterland
zū-jīn Leihgebühr
zú-qiú(-sài) Fußball(spiel)
zuǐ Mund
zuì hòude letzte(r)
zuì jìnde nächste(r, -s)
zuò machen; tun
zuǒ(-biān) links
zuò-chē mitfahren (im Auto)
zuó-tiān gestern
zuò-wèi Platz; Sitzplatz
zuò-xià sich setzen

Die Autoren

Marie-Luise Latsch und Helmut Forster-Latsch, beide Jahrgang 1950, arbeiteten vier Jahre lang in Peking, u. a. im Verlagswesen. Beide haben moderne chinesische Literatur ins Deutsche übersetzt, u. a. als Co-Übersetzer Werke des Nobelpreisträgers Gao Xingjian, und publizieren regelmäßig über verschiedene Themenbereiche, von der Alltagskultur der Han-Chinesen, Religion, nationalen Minderheiten in China bis hin zu ökonomischen und politischen Problemen. Helmut Forster-Latsch hat zudem jahrelang Ostasien und Südasien privat als auch als Reiseleiter bereist und organisiert Reisen vornehmlich in die Himalaya-Region.